PLAN D'ÉTUDES

ET

PROGRAMMES

DE L'ENSEIGNEMENT SECONDAIRE CLASSIQUE

PRESCRITS

*Par arrêtés ministériels des 22 janvier 1885,
28 janvier et 12 août 1890, 15 février 1892,
6 août 1895, 9 mars 1897 et 6 août 1898.*

PARIS
LIBRAIRIE NONY & Cie
63, BOULEVARD SAINT-GERMAIN, 63

PLAN D'ÉTUDES

ET

PROGRAMMES

DE L'ENSEIGNEMENT SECONDAIRE CLASSIQUE

PLAN D'ÉTUDES

ET

PROGRAMMES

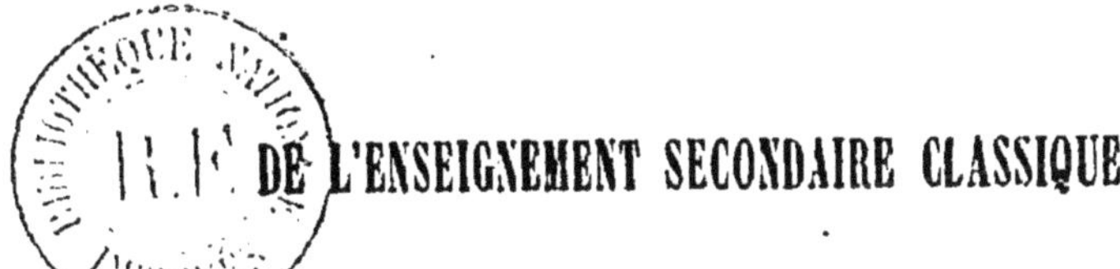

DE L'ENSEIGNEMENT SECONDAIRE CLASSIQUE

PRESCRITS

Par arrêtés ministériels des 22 janvier 1885,
28 janvier et 12 août 1890, 15 février 1892,
6 août 1895, 9 mars 1897 et 6 août 1898.

PARIS
LIBRAIRIE NONY & Cie
63, BOULEVARD SAINT-GERMAIN, 63

EMPLOI DU TEMPS

(Arrêtés des 12 juin 1890 et 20 juillet 1897.)

I. — Durée du travail sédentaire.

Dans les lycées et collèges, le maximum des heures de travail sédentaire (classes et études, y compris le dessin) est fixé à six heures dans les classes primaires et dans la division élémentaire; à huit heures dans la division de grammaire; à dix heures et demie en été et à dix heures en hiver dans la division supérieure (non compris les cours préparatoires aux écoles du Gouvernement).

II. — Durée des classes.

Dans les classes primaires et dans la division élémentaire, les classes durent deux heures et sont coupées par une récréation d'un quart d'heure.

Dans la division de grammaire et dans la division supérieure, les classes ont une durée de deux heures ou d'une heure.

Toutefois, notamment en raison du nombre des élèves dans certaines classes, les classes d'une heure et demie peuvent être autorisées par le Recteur, après avis de l'assemblée des professeurs.

Au point de vue du nombre d'heures attribué à chaque enseignement, la classe d'une heure et demie est considérée comme équivalant à la classe de deux heures.

III. — Emploi de la journée.

Le lever a lieu au plus tard, pour les divisions élémentaire et de grammaire, à 6 h. 1/2; pour la division supérieure, à 6 heures en hiver, à 5 h. 1/2 en été.

Une demi-heure est accordée pour les soins de la toilette; quelques minutes prises sur cette demi-heure pourront, dans la belle saison, être consacrées à une courte récréation dans la cour.

La veillée facultative est supprimée.

Elle pourra être temporairement rétablie dans les hautes classes à l'approche des concours et des examens.

La durée de l'étude du soir est de deux heures dans les classes de Grammaire; de deux heures et demie en Troisième et en Seconde; de trois heures en Rhétorique et en Philosophie.

Dans les divisions élémentaires et dans les classes de Sixième et de Cinquième, cette étude est coupée au milieu par quelques minutes de repos et de libre conversation.

L'entrée en classe peut avoir lieu le matin, soit à 8 heures, soit à 8 h. 1/2.

Une demi-heure sera consacrée aux deux principaux repas.

Le dîner a lieu soit à 11 h. 1/2, soit à midi.

Le temps nécessaire pour les mouvements ne sera pris sur celui des classes que lorsque celles-ci auront une durée de deux heures.

Pour toutes les classes d'une heure ou d'une heure et demie, le temps des mouvements sera pris sur les récréations, sauf les récréations d'un quart d'heure. Dans ce dernier cas, il sera pris sur l'étude.

La distribution des heures de classe, d'étude et de récréation dans la journée sera terminée, pour chaque lycée et collège, dans ces limites et sous ces conditions générales, par le Recteur, sur la proposition des chefs d'établissements et après avis de l'assemblée des professeurs.

PLAN D'ÉTUDES

OU

RÉPARTITION HEBDOMADAIRE DES DIVERSES MATIÈRES DE L'ENSEIGNEMENT

DIVISION ÉLÉMENTAIRE

	CLASSE PRÉPARATOIRE	HUITIÈME	SEPTIÈME
	—	—	—
Français.	9 h. 1/2	9 h.	9 h.
Langues vivantes. . .	4	4	4
Histoire.	1 1/2	1 1/2	1 1/2
Géographie	1 1/2	1 1/2	1 1/2
Sciences.	2 1/2	3	3
Dessin	1	1	1

ENSEIGNEMENT SECONDAIRE CLASSIQUE

(Arrêté ministériel du 20 juillet 1897) (1)

DIVISION DE GRAMMAIRE (2)

CLASSE DE SIXIÈME

Français et latin	6 classes de 2 h. et 1 classe de 1 h.
Histoire et géographie . . .	1 classe de 2 h.
Langues vivantes.	3 h.
Zoologie.	1 h.
Calcul	1 h.

(1) ARTICLE 1er DE L'ARRÊTÉ : Dans la division de grammaire et dans la division supérieure de l'enseignement secondaire classique et de l'enseignement secondaire moderne, les classes ont une durée de deux heures ou d'une heure.

Toutefois, notamment en raison du nombre des élèves dans certaines classes, les classes d'une heure et demie pourront être autorisées par le Recteur, après avis de l'assemblée des professeurs.

Au point de vue du nombre d'heures attribué à chaque enseignement, la classe d'une heure et demie sera considérée comme équivalente à la classe de deux heures.

(2) Le dessin, qui n'est pas mentionné au tableau de la répartition des heures de classe, doit trouver place pendant le temps des études. *(Circulaire du 27 juillet 1897.)*

CLASSE DE CINQUIÈME

Français, latin, et, à partir du 1er janvier, grec (1).	6 classes de 2 h. et 1 classe de 1 h.
Histoire et géographie	2 classe de 2 h.
Langues vivantes	3 h.
Géologie et botanique	1 h.
Calcul	1 h.

CLASSE DE QUATRIÈME

Français, latin et grec	6 classes de 2 h. et 1 classe de 1 h
Langues vivantes	2 h.
Histoire	1 classe de 2 h.
Géographie	1 h.
Géométrie.	2 h.

Des conférences de langues vivantes d'une heure par semaine, sans devoirs ni leçons, seront instituées en quatrième, en troisième et en seconde, dans les classes où le nombre des élèves d'allemand ou d'anglais sera supérieur à vingt.

DIVISION SUPÉRIEURE (2)

TROISIÈME, SECONDE, RHÉTORIQUE ET PHILOSOPHIE

CLASSE DE TROISIÈME

Français, latin et grec	6 classes de 2 h.
Langues vivantes.	2 h.
Histoire	1 classe de 2 h
Géographie	1 h.
Mathématiques.	3 h.

(1) Les chefs d'établissement sont autorisés, après entente à ce sujet entre les professeurs des classes de grammaire, à reporter l'étude du grec à une date quelconque du premier semestre de l'année scolaire. La mesure a un caractère essentiellement facultatif et la date à choisir pourra varier suivant les établissements. *(Circulaire ministérielle du 9 avril 1895.)*

(2) Pour le dessin, voir la note de la page précédente.

CLASSE DE SECONDE

Français, latin et grec	6 classes de 2 h.
Langues vivantes.	2 h.
Histoire.	1 classe de 2 h.
Géographie	1 h.
Géologie.	12 conférences de 1 h.
Mathématiques.	3 h.

CLASSE DE RHÉTORIQUE

Français, latin et grec . .	6 classes de 2 h.
Langues vivantes.	3 h.
Histoire.	1 classe de 2 h.
Géographie	2 h. pendant un semestre et 1 h. pendant l'autre semestre.
Mathématiques.	2 h. et 1 conférence facultative de 1 h.

CLASSE DE PHILOSOPHIE

Philosophie	4 classes de 2 h. pendant toute l'année et 1 classe de 1 h. pendant un semestre.
Histoire.	3 h.
Physique et chimie. . .	5 h.
Histoire naturelle. . . .	2 h.
Mathématiques.	1 classe de 2 h. (1).
Langues vivantes. . . .	1 conférence facultative de 1 h.
Hygiène	12 conférences de 1 h.

(1) Cette classe n'est pas obligatoire pour tous les élèves; ceux d'entre eux qui ne se destinent pas aux écoles scientifiques ou à la médecine pourront, à titre exceptionnel, en être dispensés par le recteur. *(Circulaire du 13 août 1896.)*

Les programmes des divers enseignements ont été fixés par les arrêtés ministériels indiqués ci-après :

		ARRÊTÉ DU :
Philosophie		*22 janvier 1885* (1).
Dessin		*22 janvier 1885* (1).
Langues anciennes	Progr. général.	*28 janvier 1890.*
Langue française	Listes d'auteurs.	*6 août 1895.*
Langues allemande et anglaise . . .		*28 janvier 1890.*
Histoire et géographie.		*28 janvier 1890.*
Sciences (Géologie exceptée) . . .		*12 août 1890* (1).
Géologie.		*6 août 1898.*
Langue arabe.		*15 février 1892.*

(1) Les programmes de philosophie et d'hygiène fixés par les arrêtés de 1885 et de 1890 ont été complétés par l'arrêté du 9 mars 1897, qui y a introduit des notions sur les conséquences morales et physiques de l'alcoolisme.

Les programmes de la classe de Mathématiques élémentaires ont été fixés par un arrêté du 24 janvier 1891 ; ils forment une brochure séparée, qui renferme aussi le programme de la classe supérieure de Mathématiques élémentaires. (Prix : 0 fr. 50.)

L'enseignement dans les classes de Mathématiques spéciales a pour base le *Programme des conditions d'admission à l'école polytechnique.* (Prix : 0 fr. 30.)

Programme de l'enseignement secondaire moderne. (Prix : 1 fr.)

PROGRAMMES

DIVISION ÉLÉMENTAIRE [1]

CLASSE PRÉPARATOIRE

LANGUE FRANÇAISE [2]

(Neuf heures et demie.)

Recueil élémentaire de morceaux choisis [3].

Lecture, récitation française : explication du sens des mots et des phrases.

Les élèves seront exercés à composer des phrases françaises.

Grammaire française : étude élémentaire des différentes espèces de mots. Étude du substantif, de l'article, de l'adjectif. Exercices de conjugaison régulière. Exercices sur l'accord du genre et du nombre.

Exercices oraux et écrits de langue française et d'orthographe.

Écriture.

Livre de lecture, lu et commenté en classe.

---

(1) Commune à l'enseignement secondaire classique et à l'enseignement secondaire moderne.

(2) Voir page 117 l'instruction sur l'enseignement du français dans les classes élémentaires.

(3) Les morceaux choisis sont obligatoires dans les classes élémentaires.

Programme d'enseignement de la langue française.

Il est entendu que les règles seront surtout enseignées par l'usage. Le professeur ne manquera aucune occasion de faire constater aux enfants qu'ils sont déjà en possession des différentes sortes de mots, et qu'ils appliquent instinctivement les règles de la grammaire. Il rattachera donc constamment son enseignement aux exemples fournis par le langage parlé ou écrit.

Lecture. — Écriture.

Chaque exercice sur la grammaire est pratiqué en classe durant quelque temps, oralement et par écrit, avant qu'un exercice du même genre soit exigé comme travail à faire aux heures d'étude.

LANGUES VIVANTES (allemand ou anglais)

(Quatre heures.)

Prononciation et accentuation.

Exercices oraux de vocabulaire. Insister, en allemand, sur le genre.

Lecture à haute voix; lecture rythmée; chant.

Exercices accompagnés de gestes pour faire connaître les mots indiquant les directions.

Écriture allemande.

Exercice de langue usuelle à propos de lectures faites en classe et de tableaux figurés mis sous les yeux des élèves.

Petits exercices de calcul.

Petites poésies apprises par cœur.

Éléments de grammaire : les formes indispensables de la conjugaison et de la déclinaison ; mots invariables usuels.

Pendant le second semestre, petits devoirs écrits : phrases d'application très courtes.

Livre de lectures enfantines.

Arabe (Académie d'Alger).

Arabe vulgaire.

Alphabet, voyelles et signes orthographiques. Prononciation. Exercices oraux de vocabulaire. Mots usuels. Exercices de numération. Écriture. Éléments de grammaire : verbe *être*; article, pronoms affixes.

Ouvrages proposés :

Bel Kassem ben Sedira. — Cours pratique de langue arabe.
Machuel. — Méthode de l'arabe parlé.

HISTOIRE

(Une heure et demie.)

Biographies d'hommes illustres des temps anciens et modernes. — Scènes historiques célèbres.
Petits récits faits par le maître et répétés de vive voix par l'élève.

GÉOGRAPHIE

(Une heure et demie.)

Faire comprendre par des descriptions et par des exemples, empruntés autant que possible au pays habité par l'enfant, le sens des principaux termes géographiques.
Indiquer sur le globe et sur la carte murale la position des océans et des continents, spécialement celle de l'Europe et de la France.
Descriptions simples; petits récits de voyages.

SCIENCES

INSTRUCTION GÉNÉRALE. — *On recommande tout particulièrement aux professeurs de s'attacher à bien faire comprendre les démonstrations et la liaison des faits et de ne point dicter leur cours. Ils pourront, s'ils le jugent convenable, mettre entre les mains des élèves un texte autographié ou un livre qui les dispense de développer personnellement toutes les parties du cours.*

1° CALCUL
(Une heure et demie.)

Calcul des nombres entiers. — Exercices de calcul mental. — Petits problèmes.

CONSEILS GÉNÉRAUX. — *Faire faire régulièrement des exercices de calcul mental. Exercer les enfants aux quatre règles des opérations sur les nombres entiers, sans aucune théorie, et en choisissant toujours des exemples portant sur de petits nombres.*

2° LEÇONS DE CHOSES
(Une heure.)

Les leçons de choses ayant pour objet de développer l'esprit d'observation de l'enfant et de l'exercer à exprimer le résultat de ses observations, le professeur fera, pour trouver la matière de ses leçons, un choix judicieux et restreint parmi les choses usuelles, les animaux et les plantes les plus familières à ses élèves. Il se préoccupera surtout d'exercer les enfants à apporter de la précision et de l'ordre dans l'examen des sujets proposés à leur étude.

Le professeur mettra, toutes les fois que cela sera possible, les objets sous les yeux des élèves.

Ces leçons ne doivent donner lieu à aucun devoir écrit.

En ce qui concerne la pratique de la leçon, on croit utile de faire remarquer que le professeur devra amener les enfants à prendre une part active à la leçon, les guider et leur faire trouver eux-mêmes les réponses.

Exemples de sujets.

Charbon et principaux combustibles.

Métaux usuels. — Monnaies.

L'eau. — L'évaporation, les nuages, la pluie, la neige, la glace, les sources, les rivières, les lacs, les puits, les canaux.

L'eau de la mer et le sel marin.

L'air. — Le vent, les orages, les aérostats.

Animaux. — Animaux les plus connus des élèves : leur aspect extérieur, leur caractère, leurs mœurs.

Végétaux. — Plantes les plus utiles : leur culture, leurs usages.

DESSIN (1)

(Une heure.)

§ 1. Tracé et division de lignes droites en parties égales. — Évaluation des rapports de lignes droites entre elles.

§ 2. Reproduction et évaluation des angles.

§ 3. Principes élémentaires du dessin d'ornement. — Circonférences. — Polygones réguliers. — Rosaces étoilées.

§ 4. Courbes régulières autres que la circonférence. — Courbes elliptiques, spirales. — Courbes empruntées au règne végétal. — Tiges, feuilles, fleurs.

§ 5. Premières notions sur la représentation des objets dans leurs dimensions vraies (éléments de dessin géométral) et sur la représentation de ces objets dans leur apparence (éléments de la perspective).

Ces différentes études donneront lieu à des exercices variés.

---

(1) Ce programme est commun aux trois classes de la division élémentaire.

CLASSE DE HUITIÈME

(Neuf ans.)

LANGUE FRANÇAISE

(Neuf heures.)

Recueil élémentaire de morceaux choisis (1).

Lecture, récitation française : explication du sens des mots et des phrases.

Écriture.

Grammaire française : étude et définition des différentes parties du discours; conjugaison; verbes irréguliers les plus usuels. Sujet et compléments.

Analyse grammaticale réduite à ses formes les plus simples.

Exercices de langue française et d'orthographe.

Remplacer dans de petites phrases l'actif par le passif, le présent par le futur, etc. (2).

Courtes reproductions d'une description ou d'un récit préparés *en classe* (3).

---

(1) Les morceaux choisis sont obligatoires dans les classes élémentaires.

(2) Voici quelques modèles d'exercices :

Distinguer les noms des adjectifs, les verbes, etc., employés dans des phrases dites par le professeur, écrites au tableau ou bien dans un texte. — Changer dans une narration le temps des verbes; en changer la personne. — Trouver un nombre déterminé de noms, d'adjectifs, de verbes se rapportant à un ordre d'idées donné. — Ajouter des conjonctions dans un texte où elles ont été omises. — Contraire d'adjectifs donnés; même exercice sur les noms abstraits qui leur correspondent.

Ces exercices, qu'il est aisé de multiplier, conviennent à la Classe préparatoire et aux classes de Huitième, Septième et Sixième.

(3) Les maîtres prépareront en classe les éléments de ces travaux, dont les données seront dictées dans une matière très brève et très claire

LANGUES VIVANTES (allemand ou anglais).

(Quatre heures.)

Continuation des exercices oraux de vocabulaire.
Exercices de conversation sur des objets usuels ou au moyen de tableaux figurés.
Explication et récitation de textes faciles.
Thèmes oraux.
Traduction orale et écrite de petites phrases françaises formées avec les mots appris.
Grammaire. — Le verbe régulier; les verbes *sein, haben* et *werden.*
Morceaux choisis de prose et de poésie.

Arabe (Académie d'Alger).

Arabe vulgaire.

Exercices de lecture et d'écriture. Continuation des exercices oraux de vocabulaire.
Éléments de grammaire : règles d'accord des substantifs et des adjectifs. Verbe trilitère.
Traduction orale et écrite de petites phrases françaises et arabes formées avec les mots appris.

Ouvrages proposés.

Bel Kassem ben Sedira. — Cours pratique de langue arabe.
Machuel. — Méthode de l'arabe parlé.

HISTOIRE

(Une heure et demie.)

Histoire sommaire de la France jusqu'à la mort de Louis XI.

Courts sommaires dictés par le maître et récités par l'élève. Courts exposés, récits simples répétés de vive voix par l'élève (1).

Programme.

La Gaule et les Gaulois. La Conquête romaine. Le Christianisme. — Aspect de la Gaule. Les Gaulois à Rome. Jules César et Vercingétorix. — Le pont du Gard. — Sainte Blandine à Lyon.

Invasion des Barbares. Les Mérovingiens. — Clovis baptisé à Reims. La mort de Brunehaut. Charles-Martel à Poitiers.

Les Carlovingiens. — Charlemagne recevant la soumission de Witikind. Charlemagne couronné empereur par le pape. Charlemagne visitant les écoles. Les Normands devant Paris.

Les premi rs Capétiens et les Croisades. — Le seigneur dans son château fort. Un suzerain recevant l'hommage. Hugues Capet sacré roi. Robert et les pauvres. Robert excommunié. La trêve de Dieu. — Un chevalier. — Urbain II et Pierre l'Hermite prêchant la première Croisade. Godefroy de Bouillon à Jérusalem.

Louis VI et Louis VII. — Louis VI devant le château du Puiset. Saint Bernard prêchant la seconde Croisade. — Les bourgeois de Laon révoltés contre leur seigneur. Un seigneur accordant une charte de commune. Le trouvère au château du seigneur. — La

(1) Cette liste de scènes historiques, pour la classe de Huitième et pour la classe de Septième, n'est ni exclusive ni obligatoire. Les professeurs restent libres de choisir les sujets qui leur paraîtront le plus propres à éveiller l'intérêt et à développer l'imagination des enfants.

construction de la cathédrale de Chartres. Le portail d'une église gothique.

Philippe-Auguste et saint Louis. — Philippe-Auguste à Bouvines. Les Halles de Paris. Les écoliers de l'Université de Paris. Saint Louis élevé par Blanche de Castille. Saint Louis et les pauvres. Saint Louis rendant la justice. Saint Louis prisonnier en Égypte. Mort de saint Louis.

Philippe le Bel. — Les premiers états généraux dans l'église Notre-Dame. Supplice de Jacques de Molay.

Les Valois et la guerre de Cent ans. — Philippe VI vaincu à Crécy. — Les bourgeois de Calais. Le Grand Ferré. — Jean II prisonnier à Poitiers. L'enfance de Duguesclin. Charles V dans l'hôtel Saint-Pol. — La folie de Charles VI. L'assassinat de Louis d'Orléans. Perrinet Leclerc et les Bourguignons. — Jeanne d'Arc.

Louis XI. — Louis XI à Péronne. Charles le Téméraire à Granson et à Nancy. Louis XI au Plessis-lez-Tours. — Les premiers imprimeurs et les premiers livres.

GÉOGRAPHIE

(Une heure et demie.)

GÉOGRAPHIE ÉLÉMENTAIRE DES CINQ PARTIES DU MONDE

La mer et les continents. Les océans; les cinq parties du monde. — Les régions polaires.

Europe, Asie, Afrique, Océanie, Amérique.

Forme et limites : mers, grands golfes et détroits, caps, presqu'îles, îles.

Grandes chaînes de montagnes. Fleuves et lacs. — Pays chauds et pays froids. Déserts. Animaux et plantes remarquables.

Principaux États avec leurs capitales. Grands ports de commerce et grandes villes.

SCIENCES (1).

(Trois heures.)

1° CALCUL

(Deux heures.)

Calcul des nombres entiers.
Exercices de calcul mental. — Petits problèmes.

2° LEÇONS DE CHOSES

(Une heure.)

Le programme est commun à la Classe préparatoire et à la classe de Huitième. (Voir page 14.)

DESSIN

Voir le programme de la Classe préparatoire, page 15.

CLASSE DE SEPTIÈME

(Dix ans.)

LANGUE FRANÇAISE

(Neuf heures.)

Recueil élémentaire de morceaux choisis (2).
Lecture, récitation française : explication du sens précis des mots et des phrases.
Écriture.

---

(1) Voir l'INSTRUCTION GÉNÉRALE, page 14.
(2) Les morceaux choisis sont obligatoires dans les classes élémentaires.

Grammaire française : étude des règles les plus importantes de la syntaxe.

Analyse logique réduite à ses formes les plus simples.

Exercices de langue française et d'orthographe.

Petits exercices de composition, courtes reproductions d'une description ou d'un récit préparé en classe (1).

LANGUES VIVANTES (allemand ou anglais).
(Quatre heures.)

Vocabulaire; exercices sur les mots appris.

Explication et récitation de textes faciles.

Exercices de conversation sur les lectures faites en classe.

Thèmes faciles; les mêmes thèmes repris de vive voix.

Dictées faciles, faites et corrigées en classe.

Grammaire allemande. — Revision du verbe régulier. Déclinaison des substantifs. Déclinaison des adjectifs. Verbes *dürfen, mögen, können, müssen, sollen, wollen.* Verbes irréguliers les plus usuels. Indications sommaires sur les verbes à particules inséparables et séparables. Règles de construction.

Grammaire anglaise. — Revision du verbe régulier. Verbes irréguliers les plus usuels. Verbes *shall* et *will, may* et *ought.* Pluriel des substantifs. Construction interrogative et négative.

Auteurs allemands (2).

Morceaux choisis.

Chr. von Schmid. — *Hundert kurze Erzählungen.*

---

(1) Voir la note 3 de la page 16.

(2) Le professeur choisira, sur cette liste, ainsi que sur les listes suivantes, les auteurs qui conviendront le mieux à la force de la classe.

Auteurs anglais (1).

Morceaux choisis.
Day. — *Sandford and Merton.*
Miss Edgeworth. — *Moral Tales, Popular Tales* (choix) *Old Poz.*

Arabe (Académie d'Alger).

Arabe vulgaire.

Exercices de lecture et d'écriture. Exercices de vocabulaire (mots usuels), de conversation élémentaire.
Dictées et traductions orales et écrites de petites phrases françaises et arabes, formées avec les mots appris.
Verbes sourds, assimilés et concaves. Règles de construction et d'annexion (verbes et compléments). Pluriels des substantifs.

Ouvrages proposés :

Ben Sedira. — Cours pratique de langue arabe.
Machuel. — Méthode de l'arabe parlé.

HISTOIRE

(Une heure et demie.)

Histoire sommaire de la France jusqu'en 1815.
Courts sommaires dictés. Récits simples. Courts exposés (2).

---

(1) Le professeur choisira, sur cette liste, ainsi que sur les listes suivantes, les auteurs qui conviendront le mieux à la force de la classe.

(2) Voir la note de la page 18.

Programme.

Charles VIII et Louis XII. Guerres d'Italie. — Charles VIII à Naples. Bayard au pont du Garigliano. Gaston de Foix à Ravenne. François Ier à Marignan.

Lutte de François Ier et Charles-Quint. — François Ier vaincu à Pavie, prisonnier à Madrid. Le connétable de Bourbon et Bayard. Charles-Quint à Paris. Siège de Metz sous Henri II.

La Réforme et les guerres de religion. — Mort de Henri II. — La Saint-Barthélemy. — La journée des Barricades. Assassinat de Henri de Guise; de Henri III.

Henri IV. — Enfance de Henri IV. Henri IV à Ivry. Entrée de Henri IV dans Paris. — Henri IV et Sully. Assassinat de Henri IV.

La guerre de Trente ans. Louis XIII et Richelieu. — La digue devant La Rochelle. Exécution de Cinq-Mars. Condé à Rocroi, à Fribourg.

Mazarin. La Fronde. — Anne d'Autriche à la journée des Barricades. Courage civil de Mathieu Molé. — Charité de saint Vincent de Paul. — Turenne et Condé au combat du faubourg Saint-Antoine.

Louis XIV. — Captivité de Fouquet. — Colbert, les artisans et les paysans. Le canal du Midi. — Passage du Rhin par Louis XIV. Turenne en Alsace. Sa mort. — Louis XIV et Vauban devant Valenciennes. Tourville à La Hogue. Exploits de Jean-Bart. — Louis XIV à Versailles. Boileau et la pension de Corneille. — Le duc d'Anjou proclamé roi d'Espagne. — Villeroi à Crémone. — Fénelon à Cambrai. — Louis XIV et

Villars. Villars à Denain. Vendôme à Villaviciosa. Louis XIV et Samuel Bernard. Mort de Louis XIV.

Louis XV. — Les agioteurs à la rue Quincampoix. Villeroi et l'éducation de Louis XV. — Le comte de Plélo à Dantzig. Chevert à Prague. Maurice de Saxe à Fontenoy. — Dupleix à Pondichéry. Montcalm au Canada. Exécution de Lally-Tollendall.

Louis XVI. — Le roi et Turgot. — La Fayette en Amérique. — Franklin et Voltaire. — Le combat de la Belle-Poule. Mort de La Pérouse.

L'Assemblée constituante. — Mirabeau et le marquis de Dreux-Brézé. La journée du 20 juin. La prise de la Bastille. La nuit du 4 août. La Fête de la Fédération. La fuite du roi.

La Législative et la Convention. — Les enrôlements volontaires. Valmy. L'arrestation et le supplice des Girondins. — Hoche en Alsace. L'entrée des Français à Amsterdam.

Le Directoire. — Bonaparte à Arcole, à Rivoli. — Bonaparte aux Pyramides. — Masséna à Zurich.

Le Consulat et l'Empire. — Passage du Grand Saint-Bernard. Desaix à Marengo. — Napoléon couronné empereur. — Napoléon à Austerlitz. Davout à Auerstaedt. Ney à Friedland. — Napoléon à Tilsitt. Lannes et Masséna à Essling. — Le général Éblé et les pontonniers à la Bérésina. Napoléon à Fontainebleau. La Garde à Waterloo. Napoléon à Sainte-Hélène.

Dans les dernières leçons, le professeur racontera les grands épisodes des guerres d'Algérie, de Crimée, d'Italie et de la guerre de 1870.

GÉOGRAPHIE

(Une heure et demie).

GÉOGRAPHIE ÉLÉMENTAIRE DE LA FRANCE

Configuration. Situation.

Les côtes : mers, golfes, détroits, caps, îles.

Frontières de terre ; la frontière de l'Est avant et depuis 1871.

Les montagnes : Massif central et Cévennes, Alpes, Jura, Vosges ; Pyrénées : principaux sommets. — Grandes plaines et grandes vallées.

Les grands fleuves : Rhône, Garonne, Loire, Seine, Meuse. Indication des fleuves secondaires.

Anciennes provinces et départements ; chefs-lieux.

Les grandes villes.

Algérie et Tunisie. Principales colonies de la France.

Éléments de dessin géographique à l'aide du tableau noir. Petits croquis.

SCIENCES (1)

(Trois heures.)

1° CALCUL

(Deux heures.)

Calcul des nombres entiers et décimaux. — Petits problèmes.

Système métrique.

CONSEILS GÉNÉRAUX. — *L'enseignement devra être donné dans le même esprit que dans les classes précédentes et toujours sans théorie. On rappelle aussi qu'il y aura lieu de continuer à faire faire aux élèves des exercices de calcul mental.*

---

(1) Voir l'INSTRUCTION GÉNÉRALE, page 14.

2° PREMIÈRES NOTIONS SUR LES PIERRES ET LES TERRAINS

(Une heure.)

Le professeur n'oubliera pas qu'il s'agit ici d'un enseignement oral, purement descriptif, très élémentaire et portant sur des objets placés sous les yeux des élèves.

L'enseignement sera complété, quand cela sera possible, par des excursions dirigées par le professeur lui-même.

Pierres qui font effervescence avec les acides. — Calcaires : pierre à bâtir, marbre, craie. — Action de la chaleur sur le calcaire : fours à chaux ; chaux, mortiers

Pierres qui ne font pas effervescence avec les acides. Pierre à plâtre. — Action de la chaleur sur la pierre à plâtre, propriétés du plâtre.

Argile : plasticité de l'argile ; effets de la cuisson ; briques, poteries, faïence, porcelaine.

Pierres siliceuses ; cristal de roche, agate, silex, pierre à fusil, pierres meulières, grès.

Granit : structure complexe du granit.

Sables et cailloux roulés.

Terre végétale : terres sablonneuses et argileuses.

Dépôts formés par les eaux. — Fossiles. — Carrières.

Volcans.

CONSEILS GÉNÉRAUX. — *Les professeurs sont invités tout spécialement à s'inspirer des recommandations faites en tête du programme* [INSTRUCTION GÉNÉRALE, page 14]. *Ils devront prendre la matière de leur enseignement dans ce programme, mais ils ne seront pas obligés de le développer dans toutes ses parties.*

DESSIN

(Une heure.)

Voir le programme de la Classe préparatoire, page 15.

ENSEIGNEMENT SECONDAIRE CLASSIQUE (1)

DIVISION DE GRAMMAIRE

CLASSE DE SIXIÈME

(Onze ans.)

LANGUE LATINE

Grammaire latine.

Explication et récitation d'auteurs latins.

Une grande importance sera donnée, dans toutes les classes, à la préparation et à l'explication des textes.

Recueil de textes faciles.

Le professeur devra exercer les élèves à retenir les mots qui reviennent le plus souvent dans l'explication.

Epitome historiæ græcæ (édition simple et de difficulté graduée).

De Viris illustribus urbis Romæ (2e semestre).

Thème latin, surtout oral.

Version latine.

Programme d'enseignement de la langue latine.

Lecture. — Voyelles brèves et longues. — Accent tonique. — Différents ordres de consonnes.

Le nom, l'adjectif, les pronoms. — Degrés de comparaison. — Noms de nombre. — Le verbe substantif. — Conjugaison régulière de l'actif et du passif. —

---

(1) Voir, page 103, le rapport présenté au Conseil supérieur au sujet des nouvelles listes d'auteurs à introduire dans les classes. La substitution est faite depuis l'année scolaire 1896-97.

Verbes déponents. — Principales particules indéclinables.

Indications sur la manière de traduire une phrase latine.

Les élèves seront exercés en classe à reconnaître la construction, à distinguer le verbe, le sujet, le complément.

Petits exercices instantanés de traduction en latin.

Le professeur lit lentement une phrase française dont tous les mots ont déjà été vus des élèves, et ceux-ci écrivent la phrase en latin.

LANGUE FRANÇAISE

Grammaire française.

Lecture, explication et récitation d'auteurs français (1).

Morceaux choisis de prose et de vers des classiques français (2).

La Fontaine. — *Fables* (les six premiers livres).

Fénelon. — *Télémaque.*

Buffon. — Extraits descriptifs.

Récits extraits des prosateurs et poètes du moyen âge et mis en français moderne (livre de lecture ou d'explication cursive).

Exercices de langue française et d'orthographe.

Petits exercices de composition (3).

---

(1) La lecture et l'explication de textes suivis et de morceaux choisis devra tenir autant de place dans l'enseignement que les explications latines et grecques. Il en sera ainsi dans toutes les classes.

(2) Le Conseil supérieur de l'instruction publique s'est demandé s'il était bon de restreindre aux classiques le choix des auteurs. Il a décidé que par le mot *classique* il ne fallait pas entendre seulement les auteurs du XVIIe siècle, mais aussi les écrivains du XVIIIe et du XIXe siècle.

Les morceaux choisis sont obligatoires dans les classes de grammaire et de lettres.

(3) Voir la note 3 de la page 16.

Les règles seront enseignées par l'usage, ce qui ne dispensera pas les élèves d'apprendre le texte de la grammaire. Le professeur ne manquera aucune occasion de faire constater aux élèves qu'ils appliquent instinctivement les règles. Il rattachera donc constamment son enseignement aux exemples fournis par le langage parlé ou écrit. L'étude de la grammaire aura pour objet de résumer dans des formules précises, apprises par cœur, les règles tirées de l'expérience.

Programme d'enseignement de la langue française

Revision et étude plus développée de la syntaxe [1].

LANGUES VIVANTES (allemand ou anglais).

(Trois heures.)

Vocabulaire.

Explication et récitation d'auteurs.

Exercices oraux sur les mots appris et sur les textes expliqués.

Thèmes oraux et écrits.

Versions; thèmes d'imitation.

Étude méthodique des formes grammaticales et de leur emploi.

Grammaire allemande. — Le verbe régulier et irrégulier. — Emploi des temps et des modes. — Étude des particules, de leur construction, des modifications qu'elles apportent au sens des verbes.

Grammaire anglaise. — Le verbe régulier et irrégulier. Les particules. Emploi des temps et des modes; le participe présent. Le verbe passif; son emploi. Le verbe réfléchi.

---

(1) Voir la note 2 de la page 16.

Auteurs allemands [1].

Morceaux choisis.
Choix de contes et de fables.
Benedix. — *Der Prozess.*

Auteurs anglais [2].

Morceaux choisis.
Choix de contes.
Aikin et Barbauld. — *Evenings at Home.*
Miss Corner. — *A Short History of England.*

Arabe (Académie d'Alger).

Arabe vulgaire.

Revision des éléments de grammaire exposés dans les classes précédentes en insistant sur la conjugaison, la numération et les pluriels.
Exercices de lecture et d'écriture.
Exercices oraux sur les mots usuels.
Thèmes sur la revision des éléments de grammaire. Versions faciles dictées.
Conversation.

Ouvrages proposés :

Ben Sedira. — Cours pratique de langue arabe.
Machuel. — Méthode d'arabe parlé.

HISTOIRE

HISTOIRE DE L'ORIENT

Égypte. — Description de l'ancienne Égypte. Le Nil. — Memphis et l'ancien empire; Thèbes et les Rhamsès;

---

(1) Voir la note 2 de la page 21.
(2) Voir la note 1 de la page 22.

l'Égypte conquise. — Religion, monuments, mœurs, industrie. — Découvertes de Champollion ; les égyptologues français.

Chaldéens et Assyriens. — Description de la région du Tigre et de l'Euphrate. — Ninive et Babylone. Sargon et Nabuchodonosor. — Ruine de Babylone. — Mœurs et coutumes, monuments. — Découvertes contemporaines.

Les Israélites. — Description de la Palestine. — Les Israélites en Égypte et dans la Terre promise. — Moïse, les Juges. — Le royaume de David et de Salomon, le Temple. — Le schisme des dix tribus. — Destruction des deux royaumes.

Les Phéniciens. — Description de la Phénicie. — Sidon et Tyr : le commerce, l'industrie, les colonies. — Fondation de Carthage. — L'alphabet.

Les Mèdes et les Perses. — Description de l'Iran et de l'Asie mineure. — Les Mèdes et les Perses. Cyrus, Cambyse, Darius. Conquête de la plus grande partie de l'ancien Orient, et organisation de l'empire des Perses. — Monuments, religion, mœurs et coutumes.

GÉOGRAPHIE

GÉOGRAPHIE GÉNÉRALE DU MONDE. — GÉOGRAPHIE DU BASSIN DE LA MÉDITERRANÉE

Le globe. L'horizon.

Simples notions sur les pôles, l'équateur, les méridiens, les parallèles. Points cardinaux. Latitude et longitude.

Europe, Asie, Afrique, Océanie, Amérique.

Dimensions comparées ; forme générale. — Mers, détroits, presqu'îles, caps, îles.

Chaînes de montagnes, plateaux et grandes plaines. Fleuves, lacs.

Énumération des principaux États; indication de leurs productions caractéristiques. Capitales, villes importantes et grands ports de commerce. Possessions des Européens.

Étude plus particulière des pays riverains de la Méditerranée, spécialement de la Turquie d'Asie, de l'Égypte, de la péninsule turco-hellénique, de l'Italie.

SCIENCES (1)

1° ZOOLOGIE

(Une heure.)

Ce cours doit être très élémentaire.

Le professeur devra se borner à un très petit nombre d'exemples; les démonstrations devront être données, soit sur des échantillons des animaux eux-mêmes, soit à l'aide de planches, ou mieux de dessins tracés sur le tableau, propres à mettre nettement en évidence les caractères essentiels.

Étude très sommaire de l'organisation de l'homme prise comme terme de comparaison.

Grandes divisions du règne animal.

Vertébrés. — Mammifères : caractères essentiels. — Exemples choisis dans quelques-uns des principaux ordres.

Oiseaux : caractères essentiels. — Exemples choisis dans les principaux ordres.

Reptiles : caractères essentiels. — Crocodiles, tortues, lézards, serpents.

Batraciens : caractères essentiels. — Métamorphoses.

---

(1) Voir l'INSTRUCTION GÉNÉRALE, page 14.

Poissons : caractères essentiels. — Exemples de poissons osseux et de poissons cartilagineux.

Articulés. — Insectes : caractères essentiels. — Métamorphoses — Exemples choisis dans quelques-uns des principaux ordres.

Arachnides, crustacés : quelques exemples.

Vers. — Caractères essentiels.

Mollusques — Seiche, escargot, moule.

Quelques mots sur les *Rayonnés* et les *Protozoaires.*

2° CALCUL

(Une heure.)

Revision des opérations sur les nombres entiers. — Continuation des exercices de calcul mental et des problèmes.

Fractions ordinaires. — Réduction de plusieurs fractions au même dénominateur. — Opérations sur les fractions.

Nombres décimaux. — Opérations.

CONSEILS GÉNÉRAUX. — *Le professeur doit continuer à s'abstenir de toute théorie.*

DESSIN (1)

(Une heure et demie.)

§ 1er. Représentation géométrale, au trait, et représentation perspective, avec les ombres, de solides géométriques et d'objets usuels simples.

§ 2. Dessin d'après des ornements en relief empruntant leurs éléments à des formes non vivantes, telles que : moulures, oves, rais de cœur, perles, denticules, etc.

§ 3. Dessin d'après des ornements en bas-relief emprun-

---

(1) Ce programme est commun aux classes de Sixième et de Cinquième.

tant leurs éléments à des formes vivantes, telles que : feuilles et fleurs ornementales, palmettes, rinceaux, etc.

§ 4. Dessin d'après des fragments d'architecture, tels que dés, piédestaux, bases et fûts de colonnes, antes, corniches.

§ 5. Dessin de la tête humaine. — Premières notions sur sa structure générale et sur les proportions de ses différentes parties.

Nota. — Dans le courant des trois années d'études dans les classes de Sixième, Cinquième et Quatrième, quelques leçons seront réservées pour l'exécution de dessins d'architecture à l'aide de la règle et du compas.

CLASSE DE CINQUIÈME

(Douze ans.)

LANGUE LATINE

Grammaire latine : revision des éléments ; syntaxe complète.

Groupement des mots par familles. Mots primitifs et mots dérivés.

Éléments de prosodie latine.

Explication et récitation d'auteurs latins.

Une grande importance sera donnée, dans toutes les classes, à la préparation et à l'explication des textes.

De Viris illustribus urbis Romæ (1er semestre).

Selectæ e profanis scriptoribus historiæ (édition simple et de difficulté graduée).

Cornelius Nepos (2e semestre).
Phèdre : Fables choisies (2e semestre).
Justin : Extraits.
Thème latin écrit et oral.
Version latine.
Biographie sommaire des auteurs, à l'occasion des textes expliqués et dictés.

Programme d'enseignement de la langue latine.

Revision. — Déclinaison irrégulière. — Comparatifs et superlatifs irréguliers. — Étude détaillée des pronoms. — Conjugaison régulière et irrégulière.

Premiers éléments de syntaxe générale. Syntaxe d'accord. Emplois principaux des cas. Complément direct et indirect des verbes. Propositions infinitives. Propositions secondaires.

Exercices instantanés de traduction du français en latin. — La construction latine comparée à la construction française. — Reproduction de mémoire des morceaux expliqués en classe.

Explication des auteurs, instantanée ou après préparation.

Vers hexamètres, pentamètres et ïambiques à scander.

LANGUE GRECQUE (1)

Grammaire grecque.
Exercices sur la déclinaison et la conjugaison.
Chrestomathie élémentaire.

Le professeur devra exercer les élèves à retenir les mots qui reviennent le plus souvent dans l'explication.

(1) Voir la note 1 de la page 8.

Programme d'enseignement de la langue grecque.

Lecture, en tenant compte de l'accent.
Écriture : esprits.
Déclinaison : article, noms, adjectifs, pronoms.
Adverbes et prépositions.
Conjugaison du verbe εἰμί et des verbes en ω pur non contractés, aux trois voix.

LANGUE FRANÇAISE

Grammaire française : étude plus approfondie des principales difficultés de la syntaxe. — Étude plus complète des formes.
Lecture, explication et récitation d'auteurs français (1).
Morceaux choisis de prose et de vers des classiques français (2).
Corneille. — Scènes choisies.
Molière. — Scènes choisies.
Racine. — *Esther*.
La Fontaine. — *Fables* (les six premiers livres).
Fénelon. — *Télémaque*.
Buffon. — Extraits descriptifs.
Contes et récits en prose, tirés des écrivains du XVIIe et du XVIIIe siècle (Lesage, Voltaire, etc.).
Exercices de langue française et d'orthographe.
Compositions très simples.

---

(1) Voir la note 1 de la page 28.
(2) Voir la note 2 de la page 28.

LANGUES VIVANTES (allemand ou anglais).

(Trois heures.)

Vocabulaire.

Explication et récitation d'auteurs.

Exercices oraux sur les mots appris et sur les textes expliqués.

Thèmes oraux et écrits.

Versions; thèmes d'imitation.

Étude méthodique des formes grammaticales et de leur emploi.

Grammaire allemande. — Le substantif, l'article et l'adjectif. Emploi de l'article défini et de l'article indéfini. Étude complète de la déclinaison du substantif et de l'adjectif. Les degrés de comparaison. Déclinaison des pronoms. Règles de construction.

Grammaire anglaise. — Le substantif, l'article et l'adjectif. Emploi de l'article défini et de l'article indéfini. La place de l'adjectif. Les degrés de comparaison. Emploi des pronoms. Règles de construction.

Auteurs allemands (1).

Morceaux choisis.
Campe. — *Der junge Robinson.*
Grimm. — *Kinder und Hausmärchen* (choix).
Benedix. — Scènes choisies dans le *Haustheater*.

Auteurs anglais (1).

Morceaux choisis.
De Foë. — *Robinson Crusoe.*
Franklin. — *Autobiography.*
Miss Corner. — *History of Greece* (extraits).

---

(1) Voir la note 1 de la page 22.

Arabe (Académie d'Alger).

Cours : arabe littéral.

Différences d'écriture et de prononciation.
Notions générales de grammaire d'arabe littéral (verbes, pronoms, substantifs, règles de construction).

Thèmes et versions élémentaires sur les notions d'arabe littéral.

Ouvrages proposés :

Mouliéras. — Manuel algérien (partie littérale).

Machuel. — Grammaire d'arabe régulier.

Textes :

Mouliéras. — Chrestomathie élémentaire.

Conférence : arabe vulgaire.

Conversations : idiotismes.
Traductions orales et écrites d'historiettes arabes.
Thèmes oraux d'imitation.

Ouvrages proposés :

Ben Sedira. — Cours pratique de langue arabe.
Machuel. — Méthode pour l'étude de l'arabe parlé.

HISTOIRE

HISTOIRE GRECQUE

Géographie de la Grèce ancienne et du littoral de la Méditerranée orientale.

La race hellénique. — Les dieux et les légendes ; la

guerre de Troie; les poèmes d'Homère. — Les oracles, les amphictyonies, les jeux : Olympie, Delphes, Délos.

Les Doriens et les Ioniens. — Les villes grecques d'Asie. Les colonies de la Grande Grèce, de la Sicile et de l'Afrique. — Premier développement du commerce et des arts.

Sparte. — Ses mœurs. — Les rois, le sénat, les éphores. — Lycurgue.

Athènes. — Ses mœurs. — L'ancienne royauté, l'Archontat, l'Aréopage. — Solon, Pisistrate, Clisthène.

Les guerres médiques. — Batailles de Marathon, Salamine, Platée. — Miltiade, Thémistocle, Aristide, Cimon.

Suprématie d'Athènes. — Périclès, la constitution de la démocratie athénienne. — Le commerce athénien, le Pirée.

Les arts et les lettres à Athènes. — L'Acropole; Phidias. — Les fêtes et les représentations théâtrales, le théâtre. Les poètes dramatiques. — L'assemblée du peuple et les orateurs. — La vie grecque. — Les historiens.

Guerre du Péloponèse. — Alcibiade, Lysandre. — Prise d'Athènes. — Mort de Socrate.

Suprématie de Sparte. — Expédition de Cyrus et retraite des Dix mille. — Agésilas. — Traité d'Antalcidas.

Suprématie de Thèbes. — Épaminondas.

Suprématie de la Macédoine. — Philippe et Démosthène. — Bataille de Chéronée.

Alexandre le Grand. — Destruction de Tyr, fondation d'Alexandrie. — Conquête de l'Asie. — Les philosophes et les savants grecs.

Principaux États formés du démembrement de l'empire d'Alexandre. — Les Ptolémées. — Diffusion de l'esprit grec en Orient. Alexandrie. Pergame.

Dernières luttes civiles en Grèce. — Les ligues achéenne et étolienne ; Aratus et Philopœmen. — La conquête romaine. Diffusion de l'esprit grec en Occident.

Revision des grands faits et résumé du cours.

GÉOGRAPHIE

GÉOGRAPHIE DE LA FRANCE

Configuration et dimensions de la France. Superficie.

Mers et côtes ; golfes, presqu'îles, caps, îles ; dunes, falaises, plages, côtes rocheuses, marais salants, lagunes. Principaux ports.

Frontières de terre ; pertes territoriales de la France en 1871.

Relief du sol : chaînes de montagnes, massifs, plateaux ; plaines et grandes vallées (altitude, neiges perpétuelles, glaciers).

Eaux : versants et bassins, fleuves et principaux affluents, lacs. Régions de marais.

Climat et principales productions.

Anciennes provinces, départements et chefs-lieux. Villes importantes.

Principaux canaux. Chemins de fer de grande communication.

Description de l'Algérie et de la Tunisie.

Possessions coloniales.

SCIENCES (1)

1° GÉOLOGIE ET BOTANIQUE

(Une heure par semaine : Géologie jusqu'au 1er janvier; Botanique, à partir du 1er janvier.)

Programme de Géologie.

NOTIONS PRÉLIMINAIRES DE GÉOLOGIE.

Ce programme est strictement limitatif.

Le professeur devra toujours faire porter ses explications sur des échantillons de roches mis sous les yeux des élèves; il se servira également de planches murales et de dessins tracés sur le tableau. L'enseignement sera complété, autant que possible, par des excursions dirigées par le professeur.

Notions sommaires sur les principales roches : granit, porphyres, basalte, argile et schistes, calcaires, marnes, grès et sables, meulières, gypse.

Modifications continues du sol.

Dégradation des roches par l'action de l'eau et de l'air; creusement des vallées. — Alluvions; dépôts d'eau douce et dépôts marins. — Deltas.

Glaciers : moraines, blocs erratiques.

Chaleur interne du globe : sources thermales, dépôts, filons métallifères.

Volcans : Filons de roches.

Tremblements de terre : déplacements des lignes de rivage.

---

(1) Voir l'INSTRUCTION GÉNÉRALE, page 11.

Programme de Botanique.

Ce cours doit être très élémentaire.

Le professeur devra faire porter ses explications, soit sur des échantillons de plantes mis entre les mains des élèves, soit sur des planches ou mieux des dessins tracés au tableau, indiquant les caractères essentiels.

L'enseignement sera complété, autant que possible, par des excursions dirigées par le professeur.

Étude sommaire des différents organes d'une plante à fleurs : racine, tige, feuille, fleur, fruit, graine. — Exemples importants des variations de forme de ces organes.

Grandes divisions du règne végétal. — Exemples empruntés à quelques-unes des familles suivantes :

Phanérogames. — Dicotylédones : renonculacées, crucifères, papavéracées, légumineuses, rosacées, ombellifères, composées, rubiacées, primulacées, solanées, personnées, labiées, amentacées.

Monocotylédones : liliacées, iridées, orchidées, palmiers, graminées.

Gymnospermes : conifères.

Cryptogames. — Notions sommaires sur les cryptogames. — Cryptogames à racines : fougères, prêles, lycopodes. — Cryptogames sans racines : mousses, algues, champignons, lichens.

2° ARITHMÉTIQUE

(Une heure.)

Règle de trois par la méthode de réduction à l'unité. — Intérêt simple. — Escompte commercial. — Rente. —

Problèmes simples relatifs aux mélanges et aux alliages. — Revision du système métrique : exercices relatifs à la mesure des aires et des volumes.

Conseils généraux. — *Le professeur insistera surtout sur la règle de trois simple, et, en ce qui concerne les règles de trois composées, il ne les fera pas porter sur trop de grandeurs à la fois.*

DESSIN

(Une heure et demie.)

Voir le programme de la classe de Sixième, page 33.

CLASSE DE QUATRIÈME

(Treize ans.)

LANGUE LATINE

Grammaire latine : revision.
Éléments de prosodie latine.
Explication et récitation d'auteurs latins.

Une grande importance sera donnée, dans toutes les classes, à la préparation et à l'explication des textes.

Cornelius Nepos (1er semestre).
César. — *De Bello gallico.*
Cicéron. — *De Senectute.*

Quinte-Curce.
Virgile. — *Énéide* (livres I, II et III).
Ovide. — *Métamorphoses* (morceaux choisis).
Pages et pensées morales, extraites des auteurs latins.
Thème latin écrit et oral.
Version latine.
Biographie sommaire des auteurs, à l'occasion des textes expliqués et dictés.

Programme d'enseignement de la langue latine.

Revision du cours de Cinquième (page 34), en insistant sur la syntaxe particulière.
Gallicismes et latinismes. — La construction latine comparée à la construction française. Exemples tirés des textes expliqués.
Exercices oraux sur les procédés de dérivation et de composition des mots.
Exercices oraux sur le vocabulaire.
Explication des auteurs.

Les élèves seront encouragés à faire, en dehors de la classe, des lectures supplémentaires; les auteurs de l'année précédente peuvent être recommandés pour cette lecture privée.

Exercices de prosodie. — Vers hexamètres et pentamètres à retourner.

LANGUE GRECQUE

Grammaire grecque.
Chrestomathie.
Fables d'Esope.
Xénophon. — Extraits de la *Cyropédie*.
Élien. — Morceaux choisis.

Lucien. — Extraits (*Dialogues des Morts, Dialogue des Dieux* et *Histoire vraie*).

Exercices sur la déclinaison et la conjugaison.

Version grecque.

Programme d'enseignement de la langue grecque.

Lecture et écriture, en tenant compte de l'accent. Notions élémentaires d'accentuation.

Revision et complément de la déclinaison (noms, adjectifs et pronoms). — Degrés de comparaison. — Noms de nombre.

Revision et complément de la conjugaison (verbes en ω, verbes contractés, verbes en μι, verbes irréguliers les plus usuels).

Conjonctions.

Éléments de la syntaxe.

Exercices sur les procédés de dérivation et de composition des mots. Mots simples. Groupement des mots dérivés ou composés.

Exercices oraux et écrits de traduction du français en grec.

Exercices oraux sur le vocabulaire.

LANGUE FRANÇAISE

Grammaire française. Revision complète de la grammaire.

Lois qui ont présidé à la formation des mots français. Notions élémentaires de versification.

Lecture, explication et récitation d'auteurs français [1].

Morceaux choisis de prose et de vers des classiques français [2].

---

(1) Voir la note 1 de la page 28.
(2) Voir la note 2 de la page 28.

Corneille. — Scènes choisies.
Molière. — Scènes choisies.
Racine. — *Athalie.*
La Fontaine. — *Fables* (les six derniers livres).
Boileau. — *Le Lutrin.*
Fénelon. — Choix de dialogues et de fables.
Voltaire. — *Charles XII.*
Portraits et récits, extraits des Mémoires du XVIIe et du XVIIIe siècle.
Chateaubriand. — Récits, scènes et paysages.
Michelet. — Extraits tirés de l'*Histoire du moyen âge.*
Exercices de langue française et d'orthographe.
Biographie sommaire des auteurs, à l'occasion des textes expliqués et dictés.
Compositions très simples.
Vers français à retourner et à compléter.

Programme d'enseignement de la langue française.

Notions élémentaires sur la formation des mots de la langue française. — Mots d'origine populaire, savante, étrangère. — Persistance de l'accent tonique dans les mots d'origine populaire. — Mots tirés du latin par les savants, souvent en opposition avec les règles de l'accent tonique; doublets.

LANGUES VIVANTES (allemand ou anglais).

(Deux heures.)

Vocabulaire.
Explication et récitation d'auteurs.
Exercices oraux sur les mots appris et sur les textes expliqués.

Idiotismes et proverbes.

Monnaies, poids et mesures.

Thèmes et versions, repris de vive voix.

Étude méthodique des formes grammaticales et de leur emploi. — Les mots invariables; les prépositions et les conjonctions. Formation et dérivation des mots.

Auteurs allemands (1)

Morceaux choisis.

Lessing. — *Minna von Barnhelm.*

Musæus. — *Volksmärchen der Deutschen* (choix).

Kotzebuë. — *Die deutschen Kleinstädter.*

Auteurs anglais (1).

Morceaux choisis.

Walter Scott. — *Tales of a Grandfather.*

W. Irving. — *The Life and Voyages of Christopher Columbus* (extraits); *The Sketch Book.*

Miss Corner. — *History of Rome* (extraits).

Arabe (Académie d'Alger).

Cours: arabe littéral.

Revision des notions de grammaire en insistant sur les substantifs et les pronoms.

Thèmes oraux et écrits.

Versions écrites.

Explication et récitation d'un texte facile.

Ouvrages proposés :

Mouliéras. — Manuel algérien.

Machuel. — Grammaire d'arabe régulier.

---

(1) Voir la note 2 de la page 21.

Textes :

Mouliéras. — Chrestomathie élémentaire d'arabe régulier.

Machuel. — Les voyages de Sindbad le Marin (extrait des *Mille et une Nuits*).

Conférence : arabe vulgaire.

Conversation, proverbes et idiotismes.
Traductions orales et écrites d'historiettes arabes.
Thèmes oraux d'imitation.

Ouvrages proposés :

Mejdoub. — Choix de fables arabes.

Allaoua. — Recueil de thèmes et versions d'arabe parlé.

HISTOIRE

(Une classe de deux heures.)

HISTOIRE ROMAINE

Géographie de l'Italie. — Anciennes populations : les Étrusques ; les colonies grecques.

Fondation de Rome. — Époque royale ; le Sénat ; le patriciat et la clientèle ; la plèbe. — Notions sommaires sur le culte.

Abolition de la royauté. — Le consulat ; la dictature, le tribunat ; les comices. — Une séance du Sénat ; une assemblée du peuple. Le Forum.

Conquête de l'égalité civile, politique et religieuse. — Les décemvirs et la loi des douze tables. — La censure ; la préture.

Les premières luttes de Rome. — Conquête de l'Italie. — L'armée; les colonies; les voies militaires.

Les guerres puniques. — Hamilcar et Annibal; les deux Scipions. — Ruine de Carthage.

Conquête du bassin de la Méditerranée. — Caractère de la politique et de la guerre en Orient et en Occident.

Conséquences des conquêtes. — L'hellénisme à Rome. Révolution religieuse, morale et littéraire. — Caton le Censeur.

Conséquences politiques et sociales. — La noblesse; l'ordre équestre; la plèbe; l'esclavage. — L'administration des provinces.

Lois agraires et projets de réforme de Tibérius et de Caïus Gracchus.

Marius et Sylla. — Guerres contre Jugurtha, les Cimbres, Mithridate. Guerre sociale et guerre civile. Extension du droit de cité. Proscriptions. Les lois Cornéliennes.

Pompée. — Son rôle militaire et politique. Spartacus. — Cicéron; Verrès; Catilina.

César. — Premier triumvirat. Conquête des Gaules. Vercingétorix.

Guerre civile. — Pharsale. — Dictature, réformes et projets de César. — Octave et Antoine. Bataille d'Actium. — Fin du gouvernement républicain.

L'Empire. — Auguste. Organisation du gouvernement nouveau. — Administration de Rome et des provinces. Lutte contre les Germains : Varus. — Limites de l'Empire.

Les lettres et les arts. — Grands écrivains depuis la mort de Sylla jusqu'à la mort d'Auguste. — Monuments. Commerce; routes.

Les empereurs de la famille d'Auguste. — Conquête de la Bretagne. — Les Flaviens. — Ruine de Jérusalem.

Les Antonins. — Conquêtes de Trajan. — Voyages d'Adrien. — Antonin et Marc-Aurèle. — Gouvernement des Antonins.

Les arts. — Grands monuments à Rome et dans les provinces. — Les spectacles. — La maison romaine.

Les lettres. — Grands écrivains depuis la mort d'Auguste jusqu'à la mort de Marc-Aurèle. — Les Stoïciens.

Le Christianisme. — Église primitive; catacombes.

Septime-Sévère. — Les grands jurisconsultes; l'édit de Caracalla. — Anarchie. — Premières invasions. — Relèvement de l'empire par Dioclétien.

Constantin. — L'Édit de Milan. Le concile de Nicée. — Organisation de l'Église chrétienne. — Fondation de Constantinople. — Nouvelle organisation de l'Empire.

Derniers temps de l'Empire. — Julien. Théodose. Suppression officielle du paganisme. — Les deux Empires. — Étendue du monde romain.

Revision des grands faits et résumé du cours.

GÉOGRAPHIE

(Une heure.)

GÉOGRAPHIE GÉNÉRALE. — ÉTUDE DU CONTINENT AMÉRICAIN

La mer, marées, courants. Le fond des mers. — Les régions polaires.

L'atmosphère : vents alizés, moussons, cyclones.

La pluie et la circulation des eaux. — Climats. Végétaux.

Les continents : montagnes, plateaux et plaines, fleuves; comparaison de leurs principaux traits dans les cinq parties du monde.

Notions élémentaires sur la répartition des races humaines. La vie civilisée et la vie sauvage.

AMÉRIQUE

Situation et forme générale du continent. Océans Pacifique, Atlantique, Glacial. — Grandes divisions. Populations. L'Amérique latine et l'Amérique anglo-saxonne.

Amérique du Nord, Amérique centrale, Amérique du Sud. — Grands traits du relief du sol ; fleuves, lacs. Climats, régions naturelles. Faune.

Principaux États et possessions européennes : productions les plus importantes de l'agriculture, des mines, de l'industrie (insister sur le Canada, les États-Unis, le Brésil, le Chili, la République Argentine). Immigration.

Communications principales des grands États entre eux et avec l'Europe, l'Asie et l'Océanie.

SCIENCES (1)

(Deux heures.)

GÉOMÉTRIE

Ligne droite et plan. — Angles.

Triangles. — Cas d'égalité.

(1) Voir l'INSTRUCTION GÉNÉRALE, page 14.

Perpendiculaire et obliques.
Théorie des parallèles. — Parallélogramme.
Cercle. — Dépendance mutuelle des cordes et des arcs.
Sécante, tangente.
Positions relatives de deux cercles.
Mesure des angles.
Problèmes élémentaires sur la droite et le cercle.

DESSIN

(Une heure et demie.)

§ 1er. Dessin d'après des fragments d'architecture, tels que : chapiteaux, mascarons, griffes et griffons, masques de théâtre. — Vases, têtes décoratives d'animaux.

§ 2. Dessin de l'ensemble et proportion de la figure humaine, d'après des estampes et d'après des bas-reliefs.

§ 3. Étude et dessin des parties du corps humain. — Notions élémentaires d'anatomie. — Copie d'extrémités et de détails de la figure humaine d'après l'estampe et d'après la bosse.

Nota. — Dans le courant des trois années d'études dans les classes de Sixième, Cinquième et Quatrième, quelques leçons seront réservées pour l'exécution de dessins d'architecture à l'aide de la règle et du compas.

DIVISION SUPÉRIEURE

CLASSE DE TROISIÈME

(Quatorze ans.)

LANGUE LATINE

Grammaire latine : revision.
Prosodie latine.
Explication et récitation d'auteurs latins.

Une grande importance sera donnée, dans toutes les classes, à la préparation et à l'explication des textes.

Narrationes (recueil de récits extraits principalement de Tite-Live).
Cicéron. — *Catilinaires*; *Pro Archia.*
Salluste.
Théâtre latin. — Extraits.
Virgile. — *Géorgiques* (principalement les Épisodes); *Énéide* (livres IV à VIII).
Anthologie des poètes latins (à l'exclusion des ouvrages compris dans les programmes.)
Pages et pensées morales, extraites des auteurs latins.
Version. — Thème.
Notions sommaires d'histoire littéraire à l'occasion des textes expliqués ou dictés.
Analyses écrites et orales de morceaux empruntés aux poètes et aux prosateurs latins.

LANGUE GRECQUE

Revision et continuation de la grammaire grecque.

Explication et récitation d'auteurs grecs.

Hérodote. — Morceaux choisis.

Xénophon. — *Anabase.*

Lucien. — Extraits *(Timon, le Songe, l'Icaro-Ménippe, Charon).*

Homère. — *Odyssée.*

Pages et pensées morales extraites des auteurs grecs.

Version grecque.

Thème grec.

Notions sommaires d'histoire littéraire à l'occasion des textes expliqués ou dictés.

LANGUE FRANÇAISE

1° Revision des lois qui ont présidé à la formation des mots français; exemples et applications.

2° Étude grammaticale et littéraire de la langue française.

Lecture, explication et récitation d'auteurs français [1].

Morceaux choisis de prosateurs et de poètes des XVIe, XVIIe, XVIIIe et XIXe siècles [2].

Portraits et récits extraits des prosateurs du XVIe siècle.

Corneille. — Théâtre choisi.

Molière. — Théâtre choisi.

Racine. — Théâtre choisi.

---

(1) Voir la note 1 de la page 28.

(2) Voir la note 2 de la page 28. — En dehors des textes choisis pour l'explication en classe, une bibliothèque contenant tous les auteurs du programme sera mise, autant que possible, dans chaque classe, à la disposition des élèves internes et externes.

Boileau. — *Satires* et *Epîtres.*
La Bruyère. — *Les Portraits.*
Lettres choisies du XVIIe et du XVIIIe siècle.
Chefs-d'œuvre poétiques de Lamartine et de Victor Hugo.
Chateaubriand. — Récits, scènes et paysages.
Michelet. — Extraits tirés de l'*Histoire du moyen âge.*
Compositions françaises.
Notions sommaires d'histoire littéraire à l'occasion des textes expliqués ou dictés.
Analyses écrites et orales de morceaux empruntés aux poètes et aux prosateurs français.
Vers français à retourner et à compléter.

LANGUES VIVANTES (allemand ou anglais).

(Deux heures.)

Études de vocabulaire.
Explication et récitation d'auteurs.
Lecture courante de morceaux faciles.
Exercices de conversation sur les textes lus ou expliqués et sur les mots appris.
Thèmes grammaticaux.
Versions et thèmes d'imitation.

Auteurs allemands (1).

Morceaux choisis.
Gœthe. — *Campagne in Frankreich* ; Extraits des mémoires *(Dichtung und Wahrheit).*
Schiller. — *Wilhelm Tell; Maria Stuart; Der Neffe als Onkel.*

---

(1) Voir la note 2 de la page 21.

Auteurs anglais (1).

Morceaux choisis.
Goldsmith. — *The Vicar of Wakefield.*
Lamb. — *Tales from Shakespeare.*
Macaulay. — *History of England* (extraits).

Arabe (Académie d'Alger).

Cours : arabe littéral.

Revision des notions de grammaire en insistant sur les verbes et les formes verbales.
Thèmes oraux et écrits.
Versions écrites.
Explication et récitation d'un auteur facile.

Ouvrages proposés :

Mouliéras. — Manuel algérien.
Machuel. — Grammaire d'arabe régulier.
Houdas. — Histoire de Djouder le Pêcheur (Extrait des *Mille et une Nuits*).
Mouliéras. — Chrestomathie élémentaire d'arabe.

Conférence : arabe vulgaire.

Conversations : proverbes et idiotismes.
Traductions orales et écrites d'historiettes arabes.
Thèmes oraux d'imitation.
Exercices de déchiffrement de pièces manuscrites.

Ouvrages proposés :

Mejdoub. — Choix de fables arabes.
Allaoua. — Recueil de thèmes et versions d'arabe parlé.
Houdas. — Lettres manuscrites.

---

(1) Voir la note 1 de la page 22.

HISTOIRE

(Une classe de deux heures.)

HISTOIRE DE L'EUROPE ET DE LA FRANCE JUSQU'EN 1270

L'empire romain à la fin du IVe siècle. — L'empereur, les préfets, l'impôt; la cité; les grandes propriétés; les colons.

Civilisation romaine : écoles, monuments, mœurs. Exemples pris en Gaule. Comparaison de la Gaule avant la conquête et de la Gaule romaine.

Le christianisme; les évêques, les conciles.

Les Barbares. — Mœurs des Germains. — Les invasions germaniques : Alaric. Simple énumération des États fondés par les Germains. — Les Huns et Attila. — Les Goths et Théodoric.

Les Francs : Clovis. Conquête de la Gaule et d'une partie de la Germanie.

Mœurs de l'époque mérovingienne : loi salique. Les rois, les grands, les évêques; Grégoire de Tours. Les régions franques : Neustrie, Austrasie, Bourgogne, Aquitaine.

Empire romain d'Orient. — Justinien. Mœurs byzantines, la cour, les lois; l'église Sainte-Sophie.

Les Arabes. — Mahomet : le Coran; l'empire arabe; la civilisation arabe.

La papauté. — Grégoire le Grand, monastères et missions en Occident.

Les ducs austrasiens. — Charles-Martel. Relations avec les papes. Avènement de Pépin le Bref.

L'Empire franc. — Charlemagne; la cour, les assemblées, les Capitulaires, les écoles; l'armée et la guerre; restauration de l'empire.

Louis le Pieux. Le traité de Verdun. Démembrement de l'Empire en royaumes. Les Normands en Europe.

La féodalité. — Démembrement de la France en grands fiefs. Avènement des Capétiens.

Le régime féodal : l'hommage, le fief, le château, le serf; la trêve de Dieu ; évêques et abbés. — La Chevalerie.

L'Allemagne et l'Italie.—Les duchés allemands; Henri Ier, les Marches; Otton Ier en Italie. Nouvelle restauration de l'Empire.

L'empereur et le pape : la réforme de l'Église. Grégoire VII : la querelle des investitures. Alexandre III et Frédéric Barberousse. Innocent III ; Frédéric II.

Les croisades. — Fondation du royaume de Jérusalem. La prise de Constantinople. Influence de la civilisation orientale sur l'Occident. — Croisades et missions dans l'orient de l'Europe.

Les villes. — Progrès des populations urbaines et rurales en Occident. — Les communes. L'industrie, le commerce, les métiers, les foires.

La royauté française. — Les premiers rois capétiens. Le roi, sa cour, son domaine; les grands vassaux.

Louis VI, Louis VII et Philippe-Auguste. Progrès du pouvoir royal ; extension du domaine.

Le règne de saint Louis.

L'Angleterre. — Guillaume le Conquérant; Henri II. La Grande Charte. Le Parlement.

Civilisation chrétienne et féodale. — L'Église ; les hérésies; les ordres mendiants; l'Inquisition; la croisade albigeoise. — Les écoles ; l'Université de Paris. — La littérature : trouvères, troubadours ; Villehardouin, Joinville. Les arts : un château, une église romane, une église gothique.

Revision des grands faits et sommaire général du cours.

GÉOGRAPHIE

(Une heure.)

AFRIQUE, ASIE, OCÉANIE.

Configuration, superficie; mers et côtes; archipels et grandes îles.

Grands traits du relief du sol; fleuves, lacs; climats; régions naturelles. Faune.

Principaux États et possessions européennes.

Productions les plus importantes de l'agriculture, des mines, de l'industrie.

Populations; races indigènes et immigrations.

Langues et religions. Grands souvenirs historiques. Grands voyages de découvertes.

Commerce extérieur. Principaux ports. Grandes voies de communication par terre et par mer.

Résumé. — Les plus grands États des cinq parties du monde comparés entre eux. Relations entre les cinq parties du monde. Répartition des races. Grandes lignes de navigation et de télégraphie.

SCIENCES (1)

MATHÉMATIQUES

(Trois heures.)

ARITHMÉTIQUE

Numération.

Addition, soustraction et multiplication des nombres entiers.

---

(1) Voir l'INSTRUCTION GÉNÉRALE, page 14.

Théorèmes simples relatifs à la multiplication.

Division des nombres entiers. — Caractères de divisibilité par chacun des nombres 2, 5, 4, 9 et 3.

Plus grand commun diviseur et plus petit commun multiple de deux ou plusieurs nombres.

Opérations sur les fractions.

Fractions décimales. — Opérations sur les nombres décimaux; quotient de deux nombres entiers ou décimaux à moins d'une unité décimale d'un ordre donné.

Carré. — Racine carrée (règle pratique).

Rapports et proportions.

CONSEILS GÉNÉRAUX. — *Dans cette classe, au lieu de se borner, comme dans les classes précédentes, à familiariser les élèves avec la pratique du calcul, il faut démontrer les règles, tout en se limitant strictement au programme.*

Les règles concernant les opérations sur les nombres décimaux seront déduites des règles établies pour les opérations sur les fractions ordinaires.

En ce qui concerne la racine carrée, on se bornera à l'extraction de la racine carrée d'un nombre entier ou décimal à moins d'une unité décimale d'un ordre donné.

ALGÈBRE

Emploi des lettres pour représenter les inconnues. — Problèmes simples conduisant à des équations du premier degré.

Emploi des lettres pour représenter les données. — Formules algébriques.

Emploi des nombres positifs ou négatifs pour la représentation des grandeurs susceptibles d'être portées dans un sens ou dans le sens opposé : longueurs comptées à partir d'un point, temps, vitesses, degrés thermométriques.

Opérations sur les nombres positifs et sur les nombres négatifs.

Équation du mouvement uniforme.

GÉOMÉTRIE

Lignes proportionnelles.

Similitude.

Relations entre les côtés d'un triangle rectangle.

Propriétés, en ce qui concerne le cercle, des sécantes issues d'un même point.

Constructions géométriques. — Quatrième proportionnelle et moyenne proportionnelle.

Polygones réguliers. — Carré, hexagone, triangle équilatéral. — Mesure des aires : rectangle, parallélogramme, triangle, trapèze.

Rapport des aires de deux polygones semblables.

Rapport de la circonférence au diamètre. — Aire du cercle.

DESSIN [1]

(Une heure et demie.)

§ 1. Dessin d'après des fragments d'architecture. — Figures décoratives. — Cariatides. — Vases ornés de figures. — Frises ornées. — Ensemble et détails de l'ordre dorique, de l'ordre ionique et de l'ordre corinthien.

§ 2. Dessin de la figure humaine et des animaux d'après l'estampe et surtout d'après la ronde-bosse.

NOTA. — Les photographies ne peuvent être admises comme modèles qu'autant qu'elles reproduisent des dessins de maîtres.

---

(1) Ce programme est commun aux classes de Troisième et de Seconde.

CLASSE DE SECONDE

(Quinze ans.)

LANGUE LATINE

Exercices de prosodie; étude des principaux mètres employés par Horace.

Explication et récitation d'auteurs latins.

Une grande importance sera donnée, dans toutes les classes, à la préparation et à l'explication des textes.

Cicéron. — *De Suppliciis; De Signis; Songe de Scipion.*

Tite-Live. — Un livre de la 3e décade.

Tacite. — *Vie d'Agricola; Germanie.*

Pline le Jeune. — Choix de lettres.

Théâtre latin. — Extraits.

Virgile. — *Énéide* (livres IX à XII); *Bucoliques.*

Horace. — *Odes.*

Anthologie des poètes latins (à l'exclusion des ouvrages compris dans les programmes).

Pages et pensées morales, extraites des auteurs latins.

Version latine.

Thèmes et exercices latins.

Notions sommaires d'histoire de la littérature latine. [Dix leçons d'une heure au plus (1).]

Programme d'histoire de la littérature latine.

1. Premiers temps de la littérature latine : premiers essais de poésie sous l'influence de la Grèce.
2. Les poètes comiques.

(1) L'histoire de la littérature (dans la classe de Seconde) comprend trente-cinq leçons; il y aura une leçon d'une heure par semaine; on traitera successivement l'histoire de la littérature grecque, de la littérature latine et de la littérature française.

3. Cicéron.
4. La poésie au temps de Cicéron.
5. Les grands historiens.
6. Les poètes au siècle d'Auguste.
7. Sénèque. — Les deux Plines. — Quintilien.
8. Les poètes épiques après Virgile.
9. Les poètes satiriques après Horace.
10. Derniers temps de la littérature latine. — La littérature chrétienne.

LANGUE GRECQUE

Revision de la grammaire.
Explication et récitation d'auteurs grecs.
Xénophon. — *L'Economique.*
Platon. — *Ménéxène; Ion.*
Plutarque. — Extraits suivis des *Vies parallèles* (Alexandre et César, Démosthène et Cicéron, Alcibiade et Coriolan, Périclès et Fabius Maximus).
Homère. — *Iliade.*
Euripide. — Une tragédie (les deux *Iphigénie*, *Alceste*, *Hécube*, *Hippolyte*, *Médée*.)
Pages et pensées morales extraites des auteurs grecs.
Version grecque.
Thème grec.
Notions sommaires d'histoire de la littérature grecque. [Dix leçons d'une heure au plus (1).]

Programme d'histoire de la littérature grecque.

1. Les premières traditions poétiques de la Grèce. Homère, Hésiode.
2. Les poètes lyriques.

(1) Voir la note de la page 62.

3. Les poètes tragiques.
4. Les poètes comiques.
5. Les historiens au ve et au ive siècle.
6. Les philosophes.
7. Les orateurs.
8. Les poètes alexandrins.
9. La littérature gréco-romaine.
10. L'éloquence chrétienne au ive siècle.

LANGUE FRANÇAISE

Langue française. Continuation des études antérieures, à l'occasion des textes lus et expliqués.
Explication et récitation d'auteurs français (1).
Morceaux choisis de prosateurs et de poètes des xvie, xviie, xviiie et xixe siècles (1).
Chanson de Roland.
Villehardouin, Joinville, Froissart, Commines : Extraits.
Chrestomathie du moyen âge.
Montaigne. — Principaux chapitres et extraits.
Chefs-d'œuvre poétiques de Marot, Ronsart, du Bellay, d'Aubigné, Régnier.
Corneille. — Théâtre choisi.
Molière. — Théâtre choisi.
Racine. — Théâtre choisi.
La Fontaine. — *Fables*.
Boileau. — *Satires* et *Épîtres*.
Bossuet. — *Oraisons funèbres*.
La Bruyère. — *Caractères*.
Lettres choisies du xviie et du xviiie siècle.
J.-J. Rousseau. — Morceaux choisis.

---

(1) Voir les notes 1 et 2 de la page 28 et la note 2 de la page 54.

Chefs-d'œuvre poétiques de Lamartine et de Victor Hugo.
Compositions françaises.
Analyses écrites et orales de morceaux empruntés aux poètes et aux prosateurs français.
Histoire sommaire de la littérature française jusqu'à la mort de Henri IV. [Quinze leçons d'une heure au plus, y compris les interrogations (1).]

Programme d'histoire de la littérature française.

1. Formation de la langue française : résumé rapide. — Langue d'oc et langue d'oïl. — Poésie lyrique du Midi : les Troubadours.
2. Les Trouvères. — Chansons de geste. — Les trois Cycles.
3. Les fabliaux et le roman de *Renart*.
4. Le roman de *La Rose* et la poésie allégorique. — Poésie lyrique du Nord (du XIIIe au XVe siècle).
5. Poésie dramatique : *Les Mystères*.
6. Suite de la poésie dramatique : *Farces*, *Soties* et *Moralités*.
7. La prose : les quatre grands chroniqueurs : Villehardouin, Joinville, Froissart, Commines.
8. XVe siècle : aperçu rapide. — XVIe siècle : la Renaissance, la Réforme.

9 et 10. La poésie. Clément Marot et son école. Ronsard et la Pléiade.

11. Le théâtre : Commencements de la tragédie et de la comédie.
12. La prose : sa richesse en tous les genres : érudits,

(1) L'histoire de la littérature (dans la classe de Seconde) comprend trente-cinq leçons; il y aura une leçon d'une heure par semaine; on traitera successivement l'histoire de la littérature grecque, de la littérature latine et de la littérature française.

philosophes, théologiens, politiques, historiens, conteurs.

13. Rabelais. — Montaigne.
14. Les auteurs de *Mémoires.* — La Satire Ménippée.
15. D'Aubigné. — Régnier. — Malherbe.

LANGUES VIVANTES (allemand ou anglais).

(Deux heures.)

Suite des études de vocabulaire.
Explication et récitation d'auteurs.
Lecture courante.
Essais de conversation et de composition sur les textes lus ou expliqués.
Thèmes et versions.

Auteurs allemands (1).

Morceaux choisis.
Gœthe. — *Hermann und Dorothea.*
Schiller. — *Wallenstein* (les trois parties); Extraits des œuvres historiques.
Hauff. — *Lichtenstein.*
Extraits des historiens allemands.

Auteurs anglais (1).

Morceaux choisis.
Shakespeare. — *Julius Cæsar; Coriolanus.*
Goldsmith. — *The Deserted Village.*
Walter Scott. — Un roman.
Dickens. — *A Christmas Carol; David Copperfield.*
Extraits des historiens anglais.

---

(1) Voir la note 2 de la page 21.

Arabe (Académie d'Alger).

Cours : arabe littéral.

Revision générale des notions de grammaire. Syntaxe. Thèmes oraux et écrits.
Versions écrites.
Explication et récitation d'auteurs.

Ouvrages proposés :

Mouliéras. — Manuel algérien.

Machuel. — Grammaire d'arabe régulier.

Textes :

Ben Sedira. — Cours de littérature arabe.

Conférence : arabe vulgaire.

Conversations : proverbes et idiotismes.
Traductions orales et écrites d'historiettes arabes.
Thèmes oraux d'imitation.
Exercices de déchiffrement de pièces manuscrites.

Ouvrages proposés :

Mejdoub. — Choix de fables.

Allaoua. — Recueil de thèmes et versions d'arabe parlé.

Houdas. — Lettres manuscrites.

Recueil de devoirs (lettres) publiés par l'école des lettres d'Alger.

HISTOIRE

(Une classe de deux heures.)

HISTOIRE DE L'EUROPE ET DE LA FRANCE DE 1270 A 1610

L'Europe à la fin du XIIIe siècle. — Empire et papauté. Principaux États.

La royauté en France. — Philippe le Bel; caractère nouveau du Gouvernement; l'impôt et l'armée; le Parlement; les États généraux. Lutte contre Boniface VIII. Condamnation des Templiers. Avènement des Valois.

La guerre de Cent ans. — Les armées et les grandes compagnies. Les États généraux; Étienne Marcel. La Jacquerie. — Charles V et Duguesclin. Paris au XIVe siècle. — Charles VI et la maison de Bourgogne. — Charles VII : Jeanne d'Arc. Expulsion des Anglais.

France et Angleterre à la fin de la guerre de Cent ans. — Institutions de Charles VII : armée permanente; pragmatique de Bourges. — Féodalité : Bretagne et Bourgogne. — Troubles en Angleterre : Henri VI.

L'Eglise. — Les papes à Avignon; le grand schisme d'Occident; Wiclef et Jean Huss; les grands conciles.

L'anarchie en Allemagne et en Italie. — Avènement des Habsbourg : affranchissement de la Suisse; la Bulle d'Or; la Hanse. Les grandes villes d'Italie : Florence et Venise.

Démembrement de l'Empire grec et formation de l'empire ottoman. — Slaves et Hongrois; les Turcs : Mahomet II. — L'Europe orientale : la Moscovie, Ivan III.

Les États de l'Europe occidentale à la fin du XVe siècle. — France : Louis XI et Charles le Téméraire. Charles VIII et Anne de Beaujeu. États de 1484.

Angleterre : les Tudors.

Espagne. Formation du royaume : Ferdinand et Isabelle.

Le déclin du moyen âge. — Commencements de la Renaissance en Italie : Dante, Giotto, Pétrarque, Brunelleschi, Donatello.

Les grandes inventions et leurs effets sur la civilisation générale. — Poudre à canon, boussole, papier, imprimerie. — Les découvertes maritimes : connaissances géographiques à la fin du xve siècle; découvertes des Portugais et des Espagnols; Christophe Colomb. Les voies de commerce; les épices et l'or.

La politique européenne. — Guerres d Italie : les États italiens à la fin du xve siècle; les belligérants : France, Espagne, maison d'Autriche. Jules II et Léon X.

La rivalité des maisons de France et d'Autriche. — François Ier et Charles-Quint; Henri VIII et Soliman. Henri II. Abdication de Charles-Quint; traité de Cateau-Cambrésis.

Le pouvoir royal en France. — La cour au temps de François Ier et de Henri II; les principales familles nobles; le clergé et le concordat de 1516; l'armée, la justice, les finances.

La Renaissance. — Les arts et les lettres en Italie : Machiavel, Arioste, le Tasse, Léonard de Vinci, Raphaël, Michel-Ange, Titien. — Renaissance aux Pays-Bas et en Allemagne : retour sur l'histoire de l'art aux Pays Bas : les Van-Eyck. — Érasme, Dürer. — Kopernik. — Renaissance en France : le cardinal d'Amboise; le collège de France; Rabelais, Ronsard, Montaigne; les Italiens à Fontainebleau; Jean Goujon et Philibert Delorme. Châteaux et palais.

La Réforme. — Zwingle, Luther, Calvin. La paix d'Augsbourg. — Propagation du luthéranisme au nord, du calvinisme à l'ouest. — Henri VIII et l'anglicanisme.

La contre-réforme. — Le concile de Trente; l'Inquisition; la Société de Jésus.

Guerres politiques et religieuses. — Philippe II : politique religieuse en Espagne et aux Pays-Bas. Affranchissement des Provinces-Unies : Guillaume le Taciturne. Aperçu général de la politique de Philippe II en Europe. Décadence de l'Espagne.

Angleterre. Lutte d'Élisabeth contre Philippe II; Marie-Stuart. — Prospérité de l'Angleterre : bourgeoisie, industrie, marine. Shakespeare.

rance : catholiques et protestants : L'Hospital et le parti de la tolérance; les Guises, Coligny, la Saint-Barthélemy; Henri III et la Ligue.

Henri IV : lutte contre l'Espagne; édit de Nantes. Sully. Reconstitution du royaume.

Revision des grands faits et sommaire général du cours.

GÉOGRAPHIE

(Une heure.)

EUROPE

Etude générale.

Bornes et superficie de l'Europe. Configuration générale. Place de l'Europe dans l'ancien continent.

Description des mers principales et des côtes. Courants.

Relief du sol : principaux massifs de montagnes; plateaux, plaines et grandes vallées.

Hydrographie : principaux centres de distribution et direction générale des eaux. Principaux groupes de lacs. Les grands fleuves.

Climat moyen de l'Europe et climat moyen des principales régions. Extrêmes de froid et de chaud. Rapports de la végétation et du climat, de la végétation et de l'altitude. Exemples pris parmi les végétaux les plus caractéristiques.

Les races européennes et les familles de peuples. Les religions ; les langues.

2° Description des Etats.

Énumération des États avec leur population, leurs capitales, leurs grandes villes.

Étudier pour chacun des principaux États les traits caractéristiques de la géographie physique et de la géographie économique; les éléments de la géographie politique et administrative, les régions historiques, les grandes villes.

Résumé. — Superficie et population comparée des principaux États; comparaison de la puissance économique et des forces militaires. Grandes voies de communications internationales.

Rapports entre l'Europe et les autres parties du monde. Tableau des colonies européennes.

SCIENCES [1]

MATHÉMATIQUES

(Trois heures.)

ALGÈBRE

Revision des premières notions de calcul algébrique données dans la classe de Troisième.

Monomes et polynomes. — Addition, soustraction et multiplication des polynomes.

(1) Voir l'Instruction générale, page 14.

Résolution des équations du premier degré à une et à plusieurs inconnues. (Explication des diverses méthodes sur des systèmes d'équations numériques.)

Application à la résolution de quelques problèmes simples.

GÉOMÉTRIE

Géométrie dans l'espace. — Perpendiculaires et obliques à un plan. Parallélisme des droites et des plans.

Angles dièdres. — Plans perpendiculaires.

Notions sur les angles trièdres et les angles polyèdres. (On ne parlera pas des trièdres supplémentaires.)

Polyèdres. — Mesure des volumes : parallélépipède, prisme, pyramide, tronc de pyramide.

HISTOIRE NATURELLE

GÉOLOGIE

(12 conférences d'une heure.)

Dans ces conférences, l'énumération des diverses couches : étages, sous-étages, les listes de fossiles sont rigoureusement proscrites. Le professeur se bornera à faire connaître les traits principaux de chacun des âges de la terre, à décrire les formes vivantes les plus importantes au moyen d'objets mis sous les yeux des élèves, de planches murales, de photographies et de dessins exécutés au tableau noir. Quelques excursions seront indispensables pour compléter le cours.

Revision sommaire des phénomènes actuels : comparaison avec les phénomènes anciens.

Roches éruptives, roches sédimentaires, stratification, fossiles.

Les temps primaires. — Principales formes animales : brachiopodes, articulés, premiers vertébrés. — Alluvions végétales; origine et importance de la houille.

Répartition des mers et des continents, - principales roches.

Les temps secondaires. — Ammonites. Bélemnites. — Extension des reptiles, premiers oiseaux et mammifères. — Apparition des plantes à fleurs. — Répartition des terres et des mers. — Extension des récifs de coraux. — Principales roches.

Les temps tertiaires. — Extension des mammifères. — Les découvertes de Cuvier dans le gypse. — Les mers et les continents; climats. — Formation des grandes chaînes de montagne. — Principales roches.

Les temps quaternaires. — Phénomènes glaciaires; leur grande extension. — Creusement des vallées.

Apparition de l'homme; cavernes, cités lacustres. — Faune; mammouth, rhinocéros, renne.

Phénomènes volcaniques des périodes tertiaire et quaternaire

DESSIN (facultatif.)

(Deux heures.)

Voir le programme de la classe de Troisième, page 61.

CLASSE DE RHÉTORIQUE

(Seize ans.)

LANGUE LATINE

Explication et récitation d'auteurs latins.

Une grande importance sera donnée, dans toutes les classes, à la préparation et à l'explication des textes.

Cicéron. — Choix de lettres; *Pro Milone*; *Pro Murena;* Extraits et analyses des principaux discours; Extraits des œuvres morales et philosophiques; Extraits des traités de rhétorique.

Conciones.

Tite-Live. — Un livre de la 3e décade.

Sénèque. — Extraits des *lettres à Lucilius* et des *traités de morale.*

Tacite. — *Annales*; *Histoire*; *Dialogue des orateurs.*

Lucrèce. — Extraits.

Virgile.

Horace. — *Satires* et *Épîtres.*

Lucain. — Extraits.

Anthologie des poètes latins (à l'exclusion des ouvrages compris dans les programmes).

Pages et pensées morales, extraites des auteurs latins.

Version latine.

Thème latin.

Composition latine.

Analyses littéraires d'auteurs latins.

Histoire littéraire.

Le professeur, sans faire un cours suivi d'histoire littéraire, s'attachera, à propos de l'explication des auteurs et de la correction des devoirs, à mettre en lumière les caractères essentiels de la littérature des principales époques, à marquer la filiation des grandes œuvres et à indiquer la place occupée par les genres secondaires.

LANGUE GRECQUE

Explication et récitation d'auteurs grecs.

Thucydide. — Extraits.

Xénophon. — *Mémorables.*

Platon. — Extraits.

Démosthène. — Les sept *Philippiques*; le *Discours sur la Couronne.*

Orateurs attiques. — Extraits (Lysias, Isocrate, Eschine, Hypéride).
Aristote. — Extraits de la *Rhétorique.*
Homère. — *Iliade* et *Odyssée.*
Eschyle. — Extraits.
Sophocle. — Une tragédie.
Aristophane. — Extraits.
Théocrite. — Idylles et Morceaux choisis.
Pages et pensées morales, extraites des auteurs grecs.
Version grecque.
Analyses littéraires d'auteurs grecs. (*Voir ci-dessus* la note de la littérature latine.)

LANGUE FRANÇAISE

Explication et récitation d'auteurs (1).
Morceaux choisis de prosateurs et de poètes des XVIe, XVIIe, XVIIIe et XIXe siècles (1).
Montaigne. — Principaux chapitres et extraits.
Corneille. — Théâtre choisi.
Molière. — Théâtre choisi.
Racine. — Théâtre choisi.
La Fontaine. — *Fables.*
Boileau. — *Épîtres, Satires, Art poétique.* — Extraits des œuvres en prose.
Pascal. — *Pensées; Provinciales* (I, IV, XIII et extraits).
Bossuet. — *Oraisons funèbres; Sermons* choisis. — Extraits de ses œuvres diverses.
La Bruyère. — *Caractères.*
Fénelon. — *Lettre à l'Académie*; extraits des autres œuvres.

(1) Voir les notes 1 et 2 de la page 28 et la note 2 de la page 54.

Montesquieu. — *Considérations sur les causes de la grandeur des Romains et de leur décadence.* — Extraits de l'*Esprit des lois* et des œuvres diverses.
Buffon. — Extraits (Discours et vues générales).
Voltaire. — Extraits des œuvres historiques et des autres ouvrages en prose.
Diderot. — Extraits.
J.-J. Rousseau. — Morceaux choisis. — *Lettre à d'Alembert sur les spectacles.*
Chefs-d'œuvre poétiques de Lamartine et de Victor Hugo.
Choix des moralistes du XVIIe, du XVIIIe et du XIXe siècle.
Choix des principaux historiens du XIXe siècle.
Discours et compositions en français.
Analyses littéraires d'auteurs français.
Histoire sommaire de la littérature française depuis l'avènement de Louis XIII. (Quinze leçons d'une heure au plus y compris les interrogations.)

Programme d'histoire de la littérature française.

1. La littérature sous Louis XIII et Richelieu : l'hôtel de Rambouillet; l'Académie française.
2. La tragédie au XVIIe siècle.
3. La comédie au XVIIe siècle.
4. La poésie didactique. — La satire. — La fable.
5. Les moralistes.
6. L'éloquence de la chaire.
7. Les lettres ; les mémoires.
8. Montesquieu et Buffon.
9. Voltaire.
10. Jean-Jacques Rousseau.
11. Le théâtre et la poésie au XVIIIe siècle.
12. Caractère général du XVIIIe siècle : les philosophes et les savants.

13. La littérature pendant la Révolution et l'Empire.
14. La poésie dans la première moitié du XIXe siècle. Classiques et romantiques.
15. La prose dans la première moitié du XIXe siècle.

LANGUES VIVANTES (allemand ou anglais)

(Trois heures.)

Explication et récitation d'auteurs.
Exercices de lecture et de conversation.
Thème écrit et oral.
Rédaction libre.
Notions d'histoire littéraire à propos des textes expliqués.

Auteurs allemands (1).

Morceaux choisis.
Lessing. — *Hamburgische Dramaturgie* (extraits).
Gœthe. — *Iphigenie auf Tauris* (extraits des œuvres en prose).
Poésies lyriques de Gœthe et de Schiller.
Schiller. — *Die Jungfrau von Orleans; Die Braut von Messina.*
Choix de ballades allemandes.

Auteurs anglais (1).

Morceaux choisis.
Shakespeare. — *Macbeth; King Richard III.*
Byron. — *Childe Harold.*
Tennyson. — *Enoch Arden.*
Dickens. — *Nicholas Nickleby.*
George Elliot. — *Silas Marner.*

---

(1) Voir la note 2 de la page 21.

Arabe (Académie d'Alger).

Cours : arabe littéral.

Notions élémentaires d'histoire de la littérature arabe.
Thèmes oraux et écrits.
Versions écrites.
Explication et récitation d'auteurs.

Ouvrage proposé :

Ben Sedira. — Cours de littérature arabe.

Conférence : arabe vulgaire.

Conversation.
Traduction orale et écrite d'historiettes arabes.
Thèmes oraux d'imitation.
Lecture de lettres manuscrites.

Ouvrages proposés :

Mejdoub. — Choix de fables.

Allaoua. — Recueil de thèmes et de versions d'arabe parlé.

Recueil de devoirs (lettres) publiés par l'école des lettres d'Alger.

Houdas. — Lettres manuscrites.

HISTOIRE

(Une classe de deux heures.)

HISTOIRE DE L'EUROPE ET DE LA FRANCE DE 1610 A 1789

La France, de l'avènement de Louis XIII à la mort de Mazarin. — Les États de 1614. — Richelieu : lutte contre les protestants et les grands. Accroissement de l'autorité monarchique. Marine et colonies. — Minorité de Louis XIV; Mazarin, la Fronde.

La politique européenne. — La maison d'Autriche. Les catholiques et les protestants en Allemagne. — La guerre de Trente ans : intérêts des puissances qui y sont engagées; les armées et les bandes; grands généraux, principales actions militaires.

La paix de Westphalie et la paix des Pyrénées.

L'Angleterre sous les Stuarts. La Révolution de 1648. Cromwell. La Restauration.

État de l'Europe vers 1660. — Décadence de l'Espagne. Prospérité de la Hollande. Prépondérance de la Suède dans le nord. La paix d'Oliva.

Mouvement intellectuel. — Sciences et philosophie : Bacon, Galilée, Descartes, Spinoza. — Lettres : influence espagnole, Cervantès et Lope de Vega. — L'Académie française : Corneille, Pascal. — Les arts : Poussin, Le Sueur.

La société française. — L'hôtel de Rambouillet. La misère au temps de la Fronde : saint Vincent de Paul.

Louis XIV, la monarchie absolue. — Théorie du roi sur le pouvoir royal. La cour, les conseils, les secrétaires d'État. Colbert, Louvois, Vauban. Les affaires religieuses : la déclaration de 1682; la révocation de l'édit de Nantes.

La politique de Louis XIV. — Lionne et Pomponne. — Guerre de Hollande. — Formation de la ligue d'Augsbourg.

La Révolution d'Angleterre. — Les Stuarts et le Parlement : Whigs et Tories. Déclaration des droits : avènement de Guillaume III.

Les coalitions contre Louis XIV. — La succession d'Espagne.

Dernières années de Louis XIV. — La cour; Port Royal; détresse financière; testament et mort du roi.

Le mouvement intellectuel. — Les lettres : les grands classiques. Les arts : Le Brun, Mansart. Le Louvre, Versailles. — Les sciences.

Commencement d'opposition : Fénelon et le duc de Bourgogne, Vauban. Bayle.

L'Europe vers 1715. — L'Europe occidentale après les traités d'Utrecht et de Rastadt. L'Europe orientale après les traités de Carlowitz, de Passarowitz et de Nystadt. Pierre le Grand.

La France, de 1715 jusqu'au milieu du XVIIIe siècle. — La régence et les essais de réforme. Law. Fleury. D'Argenson. Machault.

Les affaires européennes. — Règlement de la succession d'Espagne, des successions de Pologne et de Toscane. Les Bourbons d'Espagne en Italie. Stanislas Leczinski en Lorraine.

Autriche et Prusse pendant la première moitié du XVIIIe siècle. — L'État prussien. Frédéric II et Marie-Thérèse. Guerres de la Succession d'Autriche et de Sept ans : exposé général de la politique. Indication des principales actions militaires. Rôle de la France dans ces guerres.

Les affaires maritimes et coloniales. — Rivalité de la France et de l'Angleterre en Amérique et aux Indes. L'empire anglais. Voyages de découvertes.

L'Europe orientale. — La Russie : Catherine II. Conquêtes sur la Turquie. Partages de la Pologne.

La fin du règne de Louis XV. — Le Parlement. — Choiseul et Maupeou.

Le mouvement intellectuel et politique. — Les lettres et les arts, les sciences, les philosophes et les économistes en France. Les livres, la presse, les salons; les Parlements.

Le gouvernement parlementaire en Angleterre. — Rois, Parlement et ministres; triomphes des whigs: les libertés politiques, la presse.

Mouvement de réformes en Europe. — Influence des idées françaises. Charles III en Espagne; Pombal en Portugal; Léopold de Toscane et Beccaria en Italie; Gustave III en Suède.

Joseph II en Autriche. — Frédéric II en Prusse. — Situation de la Prusse en Allemagne à la fin du règne de Frédéric II.

Préludes de la Révolution française. — La France à l'avènement de Louis XVI. — État des esprits à cette époque; opposition entre les idées et les institutions. — Essais de réformes: Turgot. Malesherbes. Necker. Désordres financiers. Les États généraux.

La guerre d'indépendance en Amérique. — Les colonies anglaises d'Amérique, leur soulèvement. — Intervention de la France. — Constitution américaine de 1787.

Vue générale sur l'Europe en 1789. — Conclusion du cours.

GÉOGRAPHIE

(Deux heures par semaine pendant un semestre et une heure pendant l'autre.)

GÉOGRAPHIE DE LA FRANCE

Observations sur la configuration, la constitution géologique, le relief du sol, le régime des eaux, le climat.

Étude de la France par grandes régions naturelles et par provinces : traits caractéristiques de l'orographie, de l'hydrographie, de la géographie économique. Mœurs, traditions, grands souvenirs historiques.

La nationalité française.

La population : densité.

Le régime administratif étudié particulièrement dans le département et dans la commune.

L'organisation militaire. La frontière. Défenses naturelles et places fortes de la France et des pays limitrophes.

L'Algérie et le protectorat de Tunisie. Forces productrices; développement de la colonisation.

Les colonies françaises. Colonies d'Amérique; possessions et établissements de l'Afrique occidentale, de l'Afrique orientale ; Inde, Indo-Chine, Océanie françaises.

Rapports de la France avec les grands pays du globe. L'émigration et l'immigration ; échanges. Voies internationales de communication. Comparaison de la puissance économique et militaire de la France avec celle d'autres États.

SCIENCES (1)

MATHÉMATIQUES

(Deux heures et une conférence facultative (2) d'une heure.)

ARITHMÉTIQUE

Revision et complément du cours d'arithmétique de la classe de Troisième.

---

(1) Voir l'INSTRUCTION GÉNÉRALE, page 14.

(2) A cette conférence peuvent être admis les futurs élèves de mathématiques élémentaires et ceux de philosophie; la conférence est spécialement destinée à mettre les futurs élèves de la classe de mathématiques élémentaires en mesure de suivre sans difficulté le programme de cette classe. *(Circulaire du 27 juillet 1897.)*

Propriétés élémentaires des nombres premiers.
Carré. — Racine carrée.

ALGÈBRE

Revision du cours d'algèbre des classes de Troisième et de Seconde.
Équations du premier degré à une ou plusieurs inconnues.
Équation du second degré.

GÉOMÉTRIE

Revision des cours précédents.
Cylindre, cône, tronc de cône : surface et volume.
Sphère. — Section plane. — Grands cercles. — Petits cercles. — Pôles d'un cercle. — Plan tangent. — Surface et volume de la sphère.

CONSEILS GÉNÉRAUX. — *Dans l'enseignement de la géométrie, le professeur s'attachera à bien mettre en évidence l'enchaînement des propositions. Dans la résolution des problèmes, il emploiera la méthode analytique de préférence à la méthode synthétique.*

COSMOGRAPHIE (1)

Sphère céleste. — Principales constellations. — Mouvement diurne. — Ascension droite et déclinaison.
Forme sphérique de la terre. — Détermination de la longitude et de la latitude. — Rayon de la terre.
Soleil. — Mouvement apparent sur la sphère céleste. — Écliptique; constellations zodiacales. — Saisons.
Lune. — Ses phases.

---

(1) Quand ce programme a été mis en vigueur (arrêté du 12 août 1890), on n'attribuait aux sciences, en Rhétorique, qu'une heure et demie par semaine, et il y avait en outre « 10 classes d'une heure et demie au maximum pour la cosmographie ».

Éclipses de lune et de soleil.

Description générale du système solaire. — Planètes, leurs satellites.

Système de Kopernik.

Détails succincts sur les diverses planètes.

Comètes. — Étoiles filantes.

Amas d'étoiles. — Nébuleuses.

DESSIN (1) (facultatif).

(Deux heures.)

§ 1er. Développements et applications des études précédentes.

NOTA. — Quelques leçons pourront être consacrées à l'étude de la tête d'après nature.

§ 2. Études de paysage d'après l'estampe.

NOTA. — Quand les circonstances le permettront, les élèves pourront être exercés à dessiner d'après nature des paysages et des édifices.

CLASSE DE PHILOSOPHIE

PHILOSOPHIE

[Quatre classes de deux heures pendant toute l'année et une classe d'une heure pendant un semestre (2).]

Cours de philosophie.

Explication d'auteurs philosophiques.

Devoir : dissertation française.

---

(1) Ce programme est commun aux classes de Rhétorique et de Philosophie.

(2) Cette classe d'une heure doit être spécialement consacrée à l'explication des auteurs grecs et latins. *(Circulaire du 27 juillet 1897.)*

Programme du cours de Philosophie.

INTRODUCTION

La science, les sciences; la philosophie. — Objet et division de la philosophie.

PSYCHOLOGIE

Objet de la psychologie; caractères propres des faits qu'elle étudie : les faits psychologiques et les faits physiologiques.

Méthode de la psychologie: méthode subjective: la réflexion; méthode objective: les langues, l'histoire, etc. De l'expérimentation en psychologie.

Classification des faits psychologiques: sensibilité, intelligence, volonté.

Sensibilité. — Le plaisir et la douleur; sensations, sentiments.

Les inclinations. — Les passions.

Intelligence. — Acquisition, conservation, élaboration de la connaissance. Les données de l'expérience et l'activité de l'esprit.

Les sens et la conscience.

La mémoire. L'association. L'imagination.

L'abstraction et la généralisation. — Le jugement et le raisonnement.

Principes directeurs de la connaissance. Peut-on les expliquer par l'expérience, l'association ou l'hérédité?

La volonté. — Instinct; liberté; habitude.

L'expression des faits psychologiques: les signes et le langage.

Le beau et l'art.

Les rapports du physique et du moral. — La folie. — Influence de l'alcoolisme sur la genèse de la folie. — Affaiblissement de l'intelligence et de la volonté par l'usage des boissons alcooliques.

Notions très sommaires de psychologie comparée; l'homme et l'animal.

LOGIQUE

Logique formelle. — Des termes. — Des propositions. — Des différentes formes du raisonnement.

Logique appliquée. — Méthode des sciences exactes : axiomes; définitions; démonstration.

Méthode des sciences physiques et naturelles : observation, expérimentation; hypothèse, induction; classification, analogie, définitions empiriques.

De la méthode dans les sciences morales. — Le témoignage des hommes, la méthode historique.

Des erreurs et des sophismes.

MORALE

Principes de la morale. — La conscience; le bien; le devoir.

Examen des doctrines utilitaires.

La responsabilité et la sanction.

Les devoirs. — Devoirs envers soi-même : sagesse, courage, tempérance. — Dommages causés par l'alcoolisme à la race, à la famille, à la société, au pays.

Devoirs envers nos semblables : le droit et la justice; la charité.

Devoirs particuliers envers la famille. — L'éducation.

Devoirs envers la patrie : obéissance aux lois. L'éducation des enfants. L'impôt. Le vote. Le service militaire. Dévouement à la patrie.

Des rapports de la morale et de l'économie politique. — Le travail. Le capital. La propriété.

Influence de l'alcoolisme sur l'appauvrissement et le plus souvent sur la misère de l'individu et de la famille.

Effet sur la richesse publique. — Ce que l'alcoolisme coûte à la France. — Autres effets : criminalité, suicide, accidents de travail.

ÉLÉMENTS DE MÉTAPHYSIQUE

De la valeur objective de la connaissance : dogmatisme, scepticisme, idéalisme.

De l'existence du monde extérieur.

De la nature en général : diverses conceptions sur la matière et sur la vie.

De l'âme : matérialisme et spiritualisme.

Dieu ; la Providence. Le problème du mal.

L'immortalité de l'âme. — La religion naturelle.

NOTIONS SOMMAIRES SUR LES PRINCIPALES DOCTRINES PHILOSOPHIQUES

Socrate ; Platon ; Aristote ; Épicuréisme et Stoïcisme. — Bacon ; Descartes ; Locke ; Spinoza ; Leibniz ; Kant.

L'ordre adopté dans le programme n'enchaîne pas la liberté du professeur ; il suffit que les questions indiquées soient toutes traitées.

Pour ce qui concerne l'histoire de la philosophie, le professeur sera libre, soit d'enseigner les matières séparément, soit de les introduire dans le cours théorique ou dans l'analyse des textes, pourvu qu'il fasse connaître aux élèves la succession des écoles et l'enchaînement des idées.

AUTEURS A EXPLIQUER

Auteurs grecs.

Xénophon. — Livre des *Mémorables*.

Platon. — *Phédon*; *Gorgias*; VIe ou VIIe ou VIIIe livre *de la République.*

Aristote. — VIIIe ou IXe ou X^e livre de la *Morale à Nicomaque*; VIIIe livre *de la Politique.*

Épictète. — *Manuel.*

Auteurs latins.

Lucrèce. — *De Natura rerum*, livre V.

Cicéron. — Un livre du *De officiis*; Une des *Tusculanes*; *La République.*

Senèque. — Les XVI premières *lettres à Lucilius.*

Bacon. — *De Dignitate et Augmentis scientiarum* (principaux chapitres).

Auteurs français.

Descartes. — *Discours de la Méthode*; *Les Méditations*· *Les Principes*, livre I.

Pascal. — *Opuscules*; *Pensées.*

Malebranche. — *De la recherche de la vérité*, livre II.

Bossuet. — *Traité de la connaissance de Dieu et de soi-même*, livres I, IV et V.

Fénelon. — *Traité de l'existence de Dieu.*

Leibniz. — *Nouveaux Essais*, livre I; *La Théodicée* (Extraits); *La Monadologie.*

Condillac. — *Traité des sensations*, livre I.

Montesquieu. — *Esprit des lois*, livre I.

Rousseau. — *Contrat social*, livres I et II.

Jouffroy. — Extraits.

Auguste Comte. — *Cours de philosophie positive*, 1re et 2e leçons.

Cousin. — *Du bien.*

Claude Bernard. — *Introduction à l'étude de la médecine expérimentale*, 1re partie.

Kant. — *Fondements de la métaphysique des mœurs.*
Stuart Mill. — *Logique*, tome II, livre VI.

Le professeur devra faire expliquer chaque année deux textes français, un texte grec et un texte latin, choisis par lui dans la liste précédente.

LANGUES VIVANTES (allemand ou anglais).

(Une conférence facultative d'une heure.)

Exercices de conversation sur les lectures faites.

Auteurs allemands (1).

Morceaux choisis.
Gœthe. — *Faust* (1re partie).
Auerbach. — *Die Frau Professorin.*
Freytag. — *Bilder aus der deutschen Vergangenheit* (extraits sur le XVIIIe et le XIXe siècle); *Soll und Haben.*
Poésies lyriques du XVIIIe et du XIXe siècle.

Auteurs anglais (1).

Morceaux choisis.
Shakespeare. — *Hamlet.*
Macaulay. — *Essays.*
George Elliot. — *Adam Bede; The Mill on the Floss.*
Choix de poésies du XIXe siècle.

Arabe (Académie d'Alger).

Arabe parlé.

Même programme qu'en Rhétorique.

Une conférence complémentaire facultative sera destinée à faire connaître sommairement aux élèves des spécimens

---

(1) Voir la note 2 de la page 21.

des principaux genres de la littérature arabe : Le Coran et commentaires, grammaire, histoire, géographie, littérature et poésie. La chrestomathie de M. Wright est proposée comme le meilleur ouvrage et le plus complet.

HISTOIRE

(Trois heures.)

HISTOIRE CONTEMPORAINE (1789-1889)

I

Préliminaires et causes générales de la Révolution. — L'ancien régime : l'arbitraire et le privilège ; la cour, le gouvernement et l'administration; impôt, justice, armée. — Les trois ordres.

Les États généraux et la Constituante. — Les cahiers. Les orateurs de la Constituante. Suppression de l'ancien régime et constitution du nouvel état de choses.

Les monarchies européennes vers 1789. — La question d'Orient. Impression produite par la Révolution. Rôle de l'émigration.

Assemblée législative et Convention.—Chute de la royauté. Girondins; Montagnards. Les clubs; les Jacobins; la commune de Paris. Le Comité du Salut public. La Terreur.

Lutte contre l'Europe et contre les soulèvements à l'intérieur. Les armées et les généraux de la République. Traités de Bâle.

Esprit des réformes de la Convention. Constitution de l'an III.

Le Directoire. — Campagnes d'Italie, d'Égypte. Nouvelle coalition. Les coups d'État. Le 18 Brumaire.

Le Consulat et l'Empire. — La constitution de l'an VIII et ses transformations jusqu'en 1807. Esprit des institutions du Consulat et de l'Empire. Les Codes. Le Concordat. La Légion d'honneur; la Cour impériale; la noblesse d'empire. L'Université. Les institutions financières. Travaux publics.

Guerres jusqu'en 1807 : la Grande Armée, les généraux de l'empire.

Le blocus continental. Commencement des résistances nationales.

Caractères de la guerre d'Espagne et de la guerre de 1809.

État de l'empire et de l'Europe vers 1810. Caractère du pouvoir impérial. — Lutte contre le pape.

Dernières luttes : Moscou; la bataille de Leipzig. L'invasion. Waterloo et Sainte-Hélène.

Le congrès de Vienne; caractère de son œuvre. L'Europe de 1815.

II

La Sainte-Alliance et les peuples. — Le pouvoir absolu et le régime parlementaire.

La Charte de 1814 en France. Le régime parlementaire sous Louis XVIII. Principaux orateurs et hommes d'État. Charles X. La congrégation.

Les Congrès. Lutte contre l'esprit nouveau en Italie, en Espagne et en Allemagne. — Insurrections et interventions. Affranchissement de la Grèce. Politique de la France. Prise d'Alger.

La révolution de 1830.

Mouvement des esprits depuis la fin du XVIIIe siècle. — Part de la France, de l'Angleterre, de l'Allemagne. Renouvellement des littératures allemande et anglaise. Caractère de la littérature française sous l'empire. Influences étrangères. Le romantisme. La critique littéraire.

Développement de l'érudition. Rénovation des connaissances sur l'Orient, l'antiquité classique, le moyen âge. L'archéologie et les grandes découvertes. L'histoire.

Renaissance de l'esprit classique dans l'art pendant la Révolution et l'Empire. Le romantisme dans l'art. — La musique symphonique et dramatique.

Développement des sciences exactes, physiques et naturelles. Applications : la vapeur, l'électricité. Progrès de l'industrie.

Louis-Philippe. — La nouvelle Charte. Principaux orateurs et hommes d'État. Les partis ; les sociétés secrètes.

Effet produit par la révolution de 1830 en Europe : Belgique, Pologne, Espagne.

La question d'Orient; caractères de la politique extérieure de Louis-Philippe. — Conquête de l'Algérie.

III

Révolution de 1848. — Causes de la Révolution en France. La question électorale. La République de 1848. Contre-coup en Europe.

Changements survenus dans le gouvernement de la France depuis 1848. — La Constitution de 1852 et le second Empire. — La République. Lois constitutionnelles de 1875.

La politique extérieure. — Formation de l'unité italienne; guerre de 1859. Le royaume d'Italie.

Formation de l'unité allemande : guerre italo-prussienne contre l'Autriche. Nouvelle constitution de l'Allemagne, de l'Autriche-Hongrie.

Guerre de 1870-1871; l'invasion, le siège de Paris; la

lutte en province. — L'empire allemand. Les stipulations du traité de Francfort.

La question d'Orient : guerres de Crimée et des Balkans. Le Panslavisme.

L'Angleterre et la Russie en Asie.

L'Angleterre. — Principaux hommes d'État et grandes réformes au XIXe siècle. L'Irlande.

Le Nouveau Monde. — Formation des principaux États de l'Amérique du Sud. Extension des États-Unis de l'Amérique du Nord.

IV

Développement ou transformation des principes de 1789 (1).

Liberté politique : régime constitutionnel ; principales formes de gouvernement dans le monde actuel.

Liberté religieuse : liberté des cultes, suppression des religions d'État.

Respect de la personnalité humaine : abolition de la traite, de l'esclavage, du servage.

Idées démocratiques et questions sociales : suffrage ; instruction populaire, service militaire obligatoire. — Socialisme ; organisation du travail.

Mouvement intellectuel. — Esprit d'observation dans la littérature et dans l'art. L'érudition. Les sciences

Industrie et commerce : Généralisation de l'emploi de la vapeur et de l'électricité. Multiplication des voies de communication à travers le monde. — Protection et libre-échange. Traités de commerce et conventions internationales. Expositions universelles.

Expansion de la civilisation européenne. — Explorations.

---

(1) Aux termes d'une circulaire ministérielle en date du 23 février 1901, il est rappelé que, en ce qui concerne l'histoire intérieure de la France, le cours doit s'arrêter, conformément, d'ailleurs, aux dispositions du chapitre II du titre III dudit programme, au vote des lois constitutionnelles de 1875.

Par suite, dans ses leçons sur les sujets indiqués au titre IV : *Développement ou transformation des principes de 1789*, le professeur s'abstiendra de faire intervenir les faits de politique intérieure postérieurs à la date de 1875.

Distribution des principales langues européennes à la surface du globe.

Résumé du rôle de la France dans l'histoire politique, sociale et intellectuelle depuis 1789.

SCIENCES (1)

PHYSIQUE ET CHIMIE

(Cinq heures.)

PHYSIQUE

Pesanteur. — Équilibre des liquides et des gaz.

Divers états de la matière.

Principe de l'inertie. — Forces. — Énoncé, sans démonstration, de la règle du parallélogramme des forces et de celle de la composition de deux forces parallèles.

Direction de la pesanteur. — Centre de gravité, poids. — Balance.

Surface libre des liquides en équilibre. — Égalité de pression en tous sens. — Pressions sur les parois; vases communicants.

Principe d'Archimède. — Application à la mesure des poids spécifiques; aréomètres à poids constant.

Pression atmosphérique: baromètre.

Loi de Mariotte; expériences de Mariotte.

Machine pneumatique. — Pompes. — Presse hydraulique. — Siphon.

Aérostats.

Chaleur.

Dilatation des corps par la chaleur.

Thermomètre.

---

(1) Voir l'INSTRUCTION GÉNÉRALE, page 14.

Maximum de densité de l'eau.

Définition des chaleurs spécifiques. — Principe de la méthode des mélanges.

Fusion. — Solidification. — Dissolution. — Cristallisation. — Chaleur de fusion (simple définition).

Vaporisation; vapeurs saturantes et non saturantes. — Maximum de tension.

Définition de l'état hygrométrique. — Pluie, neige, rosée.

Évaporation, ébullition, distillation. — Chaleur de vaporisation (simple définition). — Froid produit par l'évaporation.

Conductibilité.

Acoustique.

Production du son. — Propagation. — Vitesse dans l'air et dans l'eau.

Réflexion du son. — Écho.

Intensité; hauteur. — Cordes vibrantes; loi des longueurs. — Principaux intervalles musicaux. — Harmoniques. — Timbre.

Électricité.

Production de l'électricité par le frottement.

Électrisation par influence; électroscope à feuilles d'or; électrophore; machine électrique.

Condensateur; bouteille de Leyde; batteries. — Foudre. — Paratonnerre.

Pile de Volta — Piles de Daniel, de Bunsen. — Courant électrique. — Effets physiologiques, physiques et chimiques de la pile.

Galvanoplastie; dorure, argenture.

Magnétisme.

Aimants naturels et artificiels.

Définition de la déclinaison et de l'inclinaison.

Expériences d'OErstedt. — Galvanomètre.

Action des courants sur les courants.

Action de la terre sur un courant fermé, mobile autou' d'un axe vertical; conducteurs astatiques.

Solénoïdes : comparaison d'un solénoïde et d'un aimant.

Aimantation par les courants : électro-aimants. — Principe du télégraphe électrique.

Induction par les courants et les aimants. — Bobine de Ruhmkorff. — Téléphone. — Principe des machines magnéto-électriques.

Optique.

Propagation rectiligne de la lumière. — Vitesse.

Lois de la réflexion. — Miroirs plans.

Miroirs sphériques, concaves et convexes.

Réfraction. — Prisme. — Lentilles (étude expérimentale).

Loupe. — Principe de la lunette astronomique, du microscope et du télescope.

Décomposition et recomposition de la lumière.

Spectre solaire. — Spectres des diverses sources lumineuses.

Chaleur rayonnante.

Photographie.

Compléments.

Lois de la chute des corps. — Machine d'Atwood.

Pendule. — Applications.

Travail. — Force vive. — Énergie.

Définition de l'équivalent mécanique de la chaleur.

Principe de la machine à vapeur : condenseur, détente.

Galvanoplastie : dorure, argenture.

CHIMIE

Corps simples et corps composés.

Eau : analyse et synthèse. — Hydrogène. — Oxygène.

Air : analyse. — Azote.

Combustion. — Notions générales sur la combustion chimique. — Chaleur dégagée. — Changement de propriétés.

Principes de la nomenclature et de la notation chimiques.

Acides. — Bases.

Oxydes de l'azote. — Acide azotique. — Ammoniaque.

Lois des combinaisons en poids et en volumes.

Chlore. — Acide chlorhydrique. — Eau régale. — Iode.

Soufre. — Acide sulfureux. — Acide sulfurique. — Acide sulfhydrique.

Phosphore. — Acide phosphorique. — Hydrogène phosphoré.

Carbone. — Acide carbonique. — Oxyde de carbone. — Sulfure de carbone. — Cyanogène et acide cyanhydrique.

Carbures d'hydrogène. — Acétylène. — Gaz oléfiant. — Gaz des marais. — Benzine. — Gaz de la houille. — Flamme.

Silice.

Généralités sur les métaux, les oxydes et les sels (1).

Généralités sur les principales matières organiques, au double point de vue de leur extraction des êtres vivants et de leur formation artificielle (1).

(1) Une leçon.

ÉLÉMENTS D'HISTOIRE NATURELLE

(Deux heures.)

ANATOMIE ET PHYSIOLOGIE ANIMALES ET VÉGÉTALES

En ce qui concerne l'anatomie et la physiologie animales et végétales, et en particulier pour toutes les questions relatives à la structure des organes, on ne donnera de développements histologiques que dans la mesure où ils pourront servir à élucider la physiologie.

Caractères généraux des êtres vivants. — Animaux et végétaux.

Anatomie et physiologie animales.

Caractères généraux des animaux. — Principaux tissus.

I. *Fonctions de nutrition.* (Étude spéciale de l'homme.)

Digestion : appareil digestif; aliments; phénomènes mécaniques et chimiques de la digestion.

Circulation : sang, appareil circulatoire sanguin; mécanisme de la circulation; lymphe et canal thoracique.

Absorption.

Respiration : appareil respiratoire, phénomènes mécaniques, physiques et chimiques.

Chaleur animale.

Appareils d'élimination : reins, glandes de la peau.

Foie : ses fonctions.

Notions sommaires sur les appareils de la circulation et de la respiration dans la série animale.

II. *Fonctions de relation.* (Étude spéciale de l'homme.)

Organes des sens.

L'œil, la vision, l'accommodation. — Quelques mots sur les anomalies de la vision.

L'oreille, l'audition.

L'odorat, le goût et le toucher.

Le larynx, la voix.

Appareil du mouvement: os, squelette, articulations. — Muscles: structure, fonctions.

Centres nerveux : fonctions. — Nerfs moteurs, nerfs sensitifs.

Principales modifications des appareils de relation dans la série animale.

III. — *Notions sommaires de paléontologie animale* (1).

Les animaux des temps primaires. — Développement des invertébrés : tribolites; insectes de la houille; premiers poissons.

Les animaux des temps secondaires : Ammonites et bélemnites. — Développement des vertébrés à sang froid. — Premiers oiseaux.

Les animaux des temps tertiaires et quaternaires. — Développement des vertébrés à sang chaud. Leurs rapports avec les types actuels. — Histoire du cheval. — L'homme.

Anatomie et physiologie végétales.

Caractères généraux des végétaux.

Principaux tissus.

I. *Nutrition.* (Étude spéciale d'une plante phanérogame.)

Racine. — Radicelles. — Croissance et fonctions de la racine.

Tige : croissance et fonctions de la tige.

Feuille : structure ; croissance et fonctions.

Nutrition en général : plantes à chlorophylle, plantes sans chlorophylle. — Aliments. — Réserves nutritives. — Respiration.

(1) Ces notions représentent, *au maximum*, la matière de cinq leçons d'une heure: le professeur s'attachera surtout à montrer les liens qui unissent les formes anciennes aux formes actuelles, et à mettre en évidence les phénomènes d'adaptation.

II. *Reproduction.* (Étude spéciale d'une plante phanérogame.)

Fleur : enveloppes florales; étamine, anthère, pollen, carpelles, ovule. Fécondation et développement.

Fruit et graine. — Germination : phénomènes qui l'accompagnent.

Cryptogames : reproduction et formes alternantes. — Parasitisme.

HYGIÈNE

(Douze conférences d'une heure chacune (1).)

L'eau. — Les diverses eaux potables : eau de source, eau de rivière, eau de puits. — L'eau de source seule est pure; toutes les autres peuvent être contaminées; mode de contamination.

Les moyens de purifier l'eau potable : filtration, ébullition.

L'air. — De la quantité d'air nécessaire dans les habitations, etc. — Dangers de l'air confiné. — Renouvellement de l'air. — Ventilation. — Altération de l'air par les poussières, les gaz.

Voisinage des marais.

Les aliments. — Falsifications principales des aliments usuels, solides et liquides.

Viandes dangereuses : parasitisme et germes infectieux (trichinose, ladrerie, charbon, tuberculose); viandes putréfiées (intoxication par la viande du porc, les saucisses).

Des boissons alcooliques. — Boissons fermentées; cidre, bière, vin. — Action physiologique des boissons fermentées. — Effets pathologiques de leur abus.

(1) Ces conférences seront faites par le professeur chargé des cours d'anatomie et de physiologie.

Boissons distillées : eaux-de-vie. — Effets pathologiques de leur usage habituel.

Boissons alcooliques additionnées d'essences : absinthe et autres liqueurs prétendues apéritives et digestives. — Graves effets pathologiques de leur usage.

L'ivresse et l'alcoolisme. — Influence de l'alcoolisme sur la race (maladies héréditaires).

Les maladies contagieuses. — Qu'est-ce qu'une maladie contagieuse ou transmissible ? Exemple : une maladie-type dont la transmission est expérimentalement facile. Le charbon, expériences de M. Pasteur.

Indication rapide des principales maladies contagieuses de l'homme ; voies de transmission : l'air, l'eau, l'appareil respiratoire, l'appareil digestif.

Teigne, gale, fièvres éruptives variole, rougeole, scarlatine, tuberculose.

Vaccination. Revaccination. — Mortalité par variole.

Mesures de préservation. — Prophylaxie. — Désinfection. Propreté corporelle.

Conditions de salubrité d'une maison. — La maison salubre; la maison insalubre.

Les maladies transmises par les déjections humaines : fièvre typhoïde, choléra.

Notions de police sanitaire des animaux. — Maladies transmissibles à l'homme. La rage, la morve, le charbon, la tuberculose.

Abatage, enfouissement. (Loi du 21 juillet 1881 sur la police sanitaire des animaux).

MATHÉMATIQUES

(Une classe de deux heures [1].)

Revision des cours précédents de mathématiques et exercices.

DESSIN (facultatif.)

(Deux heures.)

Voir le programme de la classe de Rhétorique, page 84.

---

(1) Les élèves qui ne se destinent pas aux écoles scientifiques ou à la médecine peuvent être dispensés de cette classe par le recteur.

RAPPORT

Présenté au Conseil supérieur de l'Instruction publique au nom de la Commission chargée de l'examen du projet d'arrêté (1) *portant modification aux listes d'auteurs adoptés pour les classes de l'Enseignement secondaire classique.*

Messieurs,

Le projet d'arrêté qui vous est soumis, portant modification des listes d'auteurs grecs, latins et français adoptés pour l'Enseignement secondaire classique, répond à un désir plus d'une fois exprimé, au cours de ces dernières années, par des membres du corps enseignant. Les listes jusqu'ici en usage, établies avec le soin que vous savez, assez larges pour qu'il fût à peu près impossible, dans le cours d'une année scolaire, d'en passer en revue tous les auteurs, assez prudemment restreintes à des œuvres incontestées pour préserver de tout écart la témérité même ou l'inexpérience, fixant, par des attributions exclusives, à chaque classe sa part dans l'étude des littératures classiques, semblaient, au premier abord, tout en laissant certaine latitude à la liberté des maîtres, offrir toutes les garanties de rigueur, de précision, d'adaptation exacte à l'esprit des élèves, qu'on doit exiger d'un programme d'enseignement. Mais à les voir si souvent varier, et, à chaque remaniement, des auteurs y apparaître, en disparaître, s'y déplacer, on comprenait ce que cachait d'arbitraire cette rigueur apparente, et de quelles concessions réciproques entre des préférences justifiées au même titre était fait cet équilibre instable. On était donc porté à se demander si par la simple substitution, à ces listes limitatives, de listes élargies, en même temps qu'on satisferait des goûts personnels également légitimes, on n'arriverait pas à assurer à cette partie des programmes la permanence relative qui est une de leurs qualités essentielles.

Une semblable réforme paraissait d'ailleurs présenter d'autres avantages encore. Il y a des auteurs dont on ne se lasse pas, qui doivent demeurer le fond de l'éducation, que renouvelle sans cesse pour le maître la neuve révélation qu'il en fait à chaque génération

(1) Ce projet est devenu l'arrêté du 6 août 1895.

d'élèves. Cependant, l'enfermer, tout au long de sa carrière, dans un même cercle, très limité, était-ce le meilleur moyen de lui faciliter ce perpétuel rajeunissement où réside sa vraie force? Lui donner, au contraire, plus de liberté dans ses choix, lui permettre de les varier au moins partiellement d'année en année, ne serait-ce pas l'aider à garder intactes sa souplesse et sa fraîcheur d'esprit, à faire plus largement profiter sa classe du fruit de ses études personnelles, à mettre dans ses leçons l'accent d'une émotion que n'a pas atténuée l'habitude, et cette flamme de vie à laquelle peut parfois ne suppléer qu'imparfaitement, au prix d'un épuisant effort, le sentiment le plus élevé du devoir professionnel? Puis, en les inscrivant dans les listes officielles, on introduirait par là même dans les bibliothèques scolaires et dans le répertoire des lectures usuelles un plus grand nombre d'écrivains et d'ouvrages remarquables, aujourd'hui difficilement accessibles; on multiplierait ainsi les chances de ces contacts féconds où, par de secrètes correspondances, dans un esprit inerte jusque-là, une lecture fait jaillir l'étincelle. Enfin, nos critiques et nos érudits se trouvant stimulés à faire, des œuvres ainsi recommandées à leur attention, l'objet de leurs travaux, la science même, aussi bien que les études secondaires, tirerait profit de cette revision et de cet élargissement des programmes.

Un vœu, dont les considérants résumaient à peu près ces idées, ayant été, lors d'une de vos récentes sessions, approuvé par votre section permanente et accueilli par M. le Ministre, une Commission, composée de représentants de l'Administration et d'un grand nombre de professeurs, et présidée par M. le Vice-Recteur de l'Académie de Paris, a été chargée de préparer la réforme. De ses longues et attachantes délibérations, résumées dans un remarquable rapport qui vous a été distribué, est sorti le projet que vous avez sous les yeux, expression par conséquent de l'opinion moyenne du corps enseignant, et auquel nous n'avons apporté que de très légères modifications.

II

Quelques idées très simples et très nettes ont présidé à la confection des listes nouvelles. En premier lieu, ç'a été le souci d'approprier le plus exactement possible les programmes à la force vraie des élèves. Rien n'est plus essentiel, dans la série des explications, qu'une gradation progressive des difficultés; rien ne serait plus dangereux qu'une hâte ambitieuse, qui, en voulant forcer le progrès, lasserait et découragerait l'effort. De là, pour les trois langues, les suppressions ou les transpositions opérées sur plusieurs textes de l'ancienne liste : le *Discours sur l'histoire universelle* en Quatrième, en Troisième les *Considérations* de Montesquieu et les *Lettres* de Pline, en Seconde l'*Apologie de Socrate*, en Rhétorique le *Phédon*, etc. De là aussi les recommandations relatives à la composition des recueils destinés aux premières classes, et les indications qui, en Sixième ou en Cinquième, réservent certains auteurs pour le second semestre. Mais un tel choix ne peut être réalisé d'une façon complète que par la libre initiative des professeurs, dont l'attention ne saurait trop être appelée sur cette partie délicate de leur tâche. Si les débuts, à peu de chose près, sont partout les mêmes, la marche est ensuite plus ou moins rapide. Les aptitudes des élèves d'une classe diffèrent d'année en année, et d'établissement à établissement. L'*Odyssée*, par exemple, qui en Troisième dépasserait peut-être la portée des élèves de tel petit collège, dans la même classe d'un grand lycée pourra être expliquée avec fruit. Thucydide ou Aristote, Eschyle ou Théocrite, peu accessibles évidemment à d'humbles candidats au baccalauréat, pour les vétérans d'une Rhétorique supérieure seront matière à de féconds efforts. De même pour les auteurs latins, pour les auteurs français. La richesse des programmes qui vous sont soumis, croissante à mesure qu'on avance dans le cours d'études, a dans ce fait encore une de ses justifications : en y inscrivant pour une même année des textes inégalement difficiles, on a pensé les mieux adapter, non pas théoriquement à une classe idéale, mais pratiquement à toute la diversité des classes réelles.

N'a-t-on pas dans ce sens été bien loin, cependant, et jusqu'à contredire le principe d'abord posé, en faisant figurer en si grand nombre, pour la littérature française surtout, les mêmes auteurs au programme de plusieurs classes, et sans toujours attribuer, comme autrefois, à chacune, une portion déterminée de leur œuvre? Ne s'est-on pas exposé aussi, par ces répétitions, au danger de redites qui pourraient engendrer le dégoût et encourager la paresse, qui seraient à tout le moins une perte de temps? Nous ne le croyons pas. La répartition, entre les années du cours d'études, d'œuvres qui ne se distinguent ni par des degrés divers de difficulté dans la langue, ni par le caractère plus ou moins abstrait de la pensée, nous a paru rentrer dans cet ordre de combinaisons factices qui entravaient inutilement la liberté des maîtres. On ne voit pas bien par quel décret mystérieux tel chant de l'*Iliade* ou de l'*Odyssée*, tel livre de Tite-Live, telle des grandes tragédies de Corneille auraient été spécialement destinés aux élèves de Troisième plutôt qu'aux élèves de Seconde, et pourquoi un chef-d'œuvre que dans l'année fatidique le professeur n'aurait pas eu le temps, ou le goût, de faire expliquer, devrait être par là même condamné à être à tout jamais ignoré des élèves. Quand ils auront en mains, plusieurs années de suite, l'*Iliade* ou l'*Odyssée* entière, ou le recueil des chefs-d'œuvre de Corneille, toutes les parties de ces livres auront d'égales chances d'être expliquées une année ou l'autre et celles qui ne le seront pas, pour les auteurs français du moins, d'être lues et relues par eux. Toutes les fois, d'ailleurs, qu'une raison, si faible fût-elle, semblait conseiller le maintien de l'ancien système, les indications restrictives ont subsisté. Dans les classes de grammaire, Racine n'est toujours représenté que par *Esther* et *Athalie*, les seules peut-être de ses œuvres qui soient en partie accessibles à de jeunes esprits; Corneille et Molière n'y sont introduits que sous la forme de *scènes choisies*, dans la sélection et le commentaire desquelles on devra tenir grand compte de l'âge des élèves et du genre d'intérêt et de profit qu'ils y peuvent trouver; Buffon n'y figure que pour un recueil *descriptif*, distinct de celui où les élèves de Rhétorique trouveront ses grandes vues de science et de philosophie. Les six derniers livres de La Fontaine continuent à être ajournés jusqu'à la Quatrième; l'œuvre critique et morale de Boileau jusqu'à la Troisième. Si La Bruyère s'ajoute au programme de cette classe, ce libellé : les *Portraits*, invite le professeur à choisir, pour introduire ses élèves dans un livre dont une grande partie les dépasse, les morceaux les plus pittoresques et les plus amusants, qui sont aussi les plus faciles. Le professeur de Seconde, à son tour, laissera à son collègue de Rhétorique le soin d'expliquer dans Montaigne et Rousseau, les chapitres les plus abstraits. Les mêmes précautions sont prises dans la liste des auteurs grecs : l'*Odyssée*, plus séduisante encore pour les imaginations jeunes, précède l'*Iliade*, pour se retrouver avec elle en Rhétorique; Xénophon, avec des *Extraits de la Cyropédie*, placés avant l'*Anabase*, dont le récit continu et un peu monotone piquerait moins que les anecdotes variées du premier recueil la curiosité des débutants, avec l'*Économique* ensuite, puis les *Mémorables*, fournit, comme langue et comme pensée, des textes d'une difficulté graduée; Platon, représenté en Seconde par le *Ménexène* et l'*Ion*, moins subtils que certaines parties de l'*Apologie*, le sera en Rhétorique par des *Extraits*, dans lesquels tant de belles pages, mais exigeant déjà plus d'efforts, pourront, autour du tableau de la vie et de l'enseignement de Socrate, se grouper en un recueil d'une féconde unité; les discussions philosophiques les plus profondes et les plus abstruses, telles qu'en contenait le *Phédon* inscrit aux anciens programmes, seront d'ailleurs écartées de ce recueil et réservées à la Philosophie. Enfin, parmi les auteurs latins, la même progression est observée : de Virgile, les *Géorgiques*, plus difficiles souvent que l'*Énéide*, ne viennent qu'en Troisième, et pour les épisodes plutôt que pour les développements techniques; les *Bucoliques*, si peu naïves, en réalité, et de fond et de forme, contrairement à une ancienne tradition, sont ajournées jusqu'à la Seconde; quant à l'*Énéide*, si l'ancienne division par groupes de livres a été maintenue, sans qu'on y fût amené par des raisons du même ordre, c'est qu'on a désiré perpétuer la tradition qui fait, de la lecture suivie de ce chef-d'œuvre classique entre tous, un des moyens d'assurer l'unité et la continuité des études, aussi nécessaires que leur variété; les *Satires* et les *Épîtres* d'Horace demeurent réservées à la Rhétorique, où commencent seulement à pouvoir être abordés des textes qui soulèvent tant de problèmes de toute nature; de ses *Odes*, bien difficiles aussi, un certain nombre du moins peuvent être comprises des élèves de Seconde. Tite-Live n'apparaît en Troisième que sous forme de récits détachés, dans le *Narrationes;* Tacite qu'en Seconde, avec des opuscules d'une facilité relative. Pour Cicéron, depuis les *Catilinaires*, qui passent de Seconde en Troisième où elles rejoignent le *Catilina* de Salluste jusqu'aux *Extraits des œuvres morales et philosophiques*, heureuse nouveauté à côté de laquelle reparaissent les *Extraits*, naguère classiques, des *traités de rhétorique* et des *principaux discours*, la série de ses œuvres sera aussi en accord avec le progrès naturel des élèves. Ces indications détaillées répondent suffisamment aux objections que nous indiquions tout à l'heure. Le principe de l'adaptation des programmes à la force des élèves a été constamment respecté. Le danger des redites n'existe pour ainsi dire pas; pour le très petit nombre de cas dans lesquels elles restent possibles, nous ferons remarquer seulement que, des classes de grammaire aux classes de lettres, l'intelligence des élèves se développe assez notablement, la différence de méthode dans l'étude des textes est assez marquée, pour que les répétitions possibles soient plus utiles peut-être que fâcheuses; et que, d'une classe à une autre classe de la même série, le champ offert par un même livre est assez large pour qu'une entente facile à établir entre les professeurs suffise à éviter tout inconvénient de ce genre.

Ces retours fréquents des mêmes noms ont d'ailleurs l'avantage, qui n'était pas à négliger au moment où on élargissait les programmes, de montrer bien nettement quels sont les écrivains et les œuvres qui en restent l'essentiel et qui doivent continuer à faire le fond de l'enseignement secondaire; qui, d'un bout à l'autre des études, ou du moins aussitôt que les enfants peuvent les comprendre, doivent être constamment sous leurs yeux, et, soit par les explications en classe, soit par les lectures hors de classe, exercer sur leur esprit la plus profonde et la plus durable influence.

III

Sur le choix de ces œuvres et de ces écrivains, il ne pouvait guère y avoir ni embarras ni discussions. La voie était toute tracée par les programmes anciens, que celui-ci n'a pas la prétention de condamner, mais de continuer et de compléter. Nous n'avions, comme leurs auteurs, qu'à nous laisser guider par l'admiration des siècles et par les traditions de l'enseignement français.

Avec les additions commençait la partie délicate de la tâche. Encore était-elle, pour les littératures antiques, relativement facile. Élargir, dans l'œuvre considérable d'écrivains consacrés, le domaine des lectures scolaires, comme on l'a fait en grec pour Sophocle et Euripide, pour Platon, Xénophon, Lucien et Plutarque, en latin pour Cicéron et Tacite, cela allait de soi, dans un système de plus grande liberté. Inscrire aux programmes quelques noms glorieux, dont certains y avaient naguère figuré, comme ceux d'Eschyle, d'Aristophane, de Thucydide, de Lysias, Isocrate et Hypéride, d'Aristote, de Sénèque, des dramaturges latins, ce n'était que réparer des oublis, ou cesser d'exiger des sacrifices que l'on regrettait. Y admettre un *Choix* de Théocrite, si proche de nous souvent dans sa rusticité savante, son réalisme délicat et savoureux, une *Anthologie latine*, grâce à laquelle des chants exquis des élégiaques, des pages éloquentes et mordantes des satiriques, d'ingénieux et raffinés développements des épiques de la décadence, mêleraient des accents plus tendres ou plus âpres, une variété de nuances plus subtiles, à la perfection simple et sereine des grands modèles; réhabiliter Lucain, sur la demande d'un de nos maîtres les plus classiques, de la sentence un peu sévère prononcée jadis contre son « romantisme »; de semblables hardiesses, en flattant le goût de bien des professeurs, ne risquaient pas de compromettre celui de nos élèves; et peut-être, pour attirer les meilleurs d'entre eux vers la libre lecture des textes anciens, n'est-ce pas trop aujourd'hui que la séduction d'une piquante nouveauté.

Les tentations étaient plus nombreuses, plus périlleuses aussi, pour la liste des auteurs français. Les progrès de l'érudition, le souci de la continuité à faire sentir dans tout notre passé, semblaient réclamer pour le moyen âge et le XVIe siècle une plus grande part. L'attrait si puissant d'œuvres et d'idées récentes et dont nous vivons tous, le désir de bien marquer qu'entre les études classiques et la réalité moderne il y a contact et solidarité étroite, entraînaient à étendre celle de l'époque contemporaine, confinée jusqu'ici dans les recueils de morceaux choisis. Mais, à percer dans ces deux sens de trop larges avenues, ne risquait-on pas de paraître inviter professeurs et élèves à trop de séduisants vagabondages loin de ces siècles classiques qui restent comme la citadelle et le sanctuaire des fortes études de lettres françaises? Donner la faculté de faire, dans l'intérieur même des programmes, l'école buissonnière, n'était-ce pas préparer à bref délai l'abandon de ces maîtres dont les beautés un peu austères ne se laissent quelquefois pénétrer qu'avec effort, et auxquels il y a bien peu de chance que vienne plus tard celui qui n'a pas été, de bonne heure, initié à les comprendre et à les aimer? Les discussions de la commission préparatoire ont été, sur ce point, longues et vives.

Nous avons adopté ses conclusions, à la fois libérales et prudentes et que, suivant son désir, pourront compléter et préciser des instructions ajoutées aux programmes.

Pour le moyen âge, où il s'agit moins d'œuvres qui s'imposent par leur perfection, et d'une tradition de pensée et de forme en étroite parenté avec l'esprit moderne, que de l'intérêt historique et patriotique qu'éveille la recherche de nos origines littéraires et nationales, la place qui leur était faite jusqu'ici en Seconde a paru suffisante. Quelques récits mis en français actuel, d'après ses épopées et ses chroniques, viendront seulement en Sixième ajouter à une liste un peu courte un livre, non pas d'explication, mais de lecture, offrant cette séduction qu'ont, pour les imaginations enfantines, les productions des époques primitives et simples. Certains membres de votre commission auraient voulu qu'on restreignît, si même on ne les supprimait entièrement, le nombre des ouvrages en vieux français inscrits aux programmes. Il leur semblait peu opportun de mettre dès le lycée, entre les mains des élèves, des textes dont l'étude, dans les Facultés même, est si malaisée et donne si peu de résultats, et dont l'interprétation approfondie au point de vue des formes suppose des connaissances qu'aucun examen n'exige bien complètes de nos professeurs. Sans méconnaître la force de ces objections, nous n'avons pas cru pouvoir exclure de nos études secondaires une période de notre littérature qui est admise, à l'étranger, dans des programmes correspondant à ceux-ci, et pendant laquelle les lettres françaises ont jeté un si vif éclat et exercé sur l'Europe entière une si féconde influence; au moment où nous enrichissions nos listes, nous avons hésité à en proscrire l'héroïque épopée où l'amour de la « douce France » trouva, pour la première fois, une expression bien gauche encore, mais déjà si fière et si pénétrante, et ces modèles de narration vaillante, naïve et pittoresque que trouvent dans nos vieux chroniqueurs les élèves que nous exerçons à la composition française. La *Chrestomathie* même, qui ne figurait pas aux derniers programmes, nous a paru pouvoir être, pour le cours d'histoire littéraire, un auxiliaire utile, grâce auquel quelques leçons concrètes et vivantes se substitueront à des généralités vagues ou à d'arides nomenclatures de noms, de titres et de dates; il en sera du moins ainsi si l'on veut bien composer, en vue de cet usage, des livres courts et simples, sans appareil d'érudition, donnant des divers genres littéraires et des écrivains notables les spécimens les mieux appropriés à la jeunesse, et joignant au texte en langage ancien, comme nous le souhaitons aussi pour la *Chanson de Roland* et pour les *Chroniqueurs*, une traduction en français d'aujourd'hui.

Le XVIe siècle, si moderne souvent par la pensée, et reconnu aujourd'hui comme le créateur de l'esprit classique, du programme de Seconde, où reste son centre, rayonnera maintenant sur ceux de

Troisième et de Rhétorique. Si ses plus grands écrivains sont difficiles à aborder dès le collège dans l'intégralité de leur œuvre, il semble bon, pour inciter nos élèves à en faire plus tard l'objet de leurs lectures et de leurs réflexions, de les leur présenter de bonne heure dans leurs parties les plus accessibles et les plus attrayantes et peut-être dégagés, comme l'ont été depuis longtemps les écrivains du XVIIe siècle, d'une orthographe compliquée qui semble mettre entre eux et nous plus de distance. Les *Portraits et récits* tirés surtout des auteurs de mémoires et des historiens, mais auxquels de grands écrivains d'un autre ordre, Rabelais par exemple, pourront fournir d'utiles éléments, seront, en Troisième, comme les volumes analogues, que le XVIIe et le XVIIIe siècle fournissent à la Quatrième et à la Cinquième, des livres de lectures intéressants, et d'utiles modèles de qualités qu'ont toujours possédées à un degré éminent les écrivains français. Ce serait mutiler, dans l'esprit des jeunes gens, la gloire de notre poésie, que ne pas leur faire connaître, d'une façon plus complète qu'on ne le fait souvent, l'œuvre de la Pléiade et de ses principaux disciples; les *Chefs-d'œuvre poétiques de Marot, Ronsard, du Bellay, d'Aubigné et Regnier*, renouvellent d'ailleurs, mais avec plus de choix, une tentative heureuse d'un programme antérieur, où figurait un volume de *Morceaux choisis des écrivains du XVIe siècle*. Quant à Montaigne, au double point de vue de l'étude de l'homme et de l'adaptation à la vie moderne de la substance morale des anciens, la lecture de *ses principaux chapitres* n'est-elle pas un complément naturel, et en un sens comme une introduction, à celle de notre littérature classique?

Pour les écrivains de la fin du XVIIIe et du commencement du XIXe siècle, si préoccupé qu'on soit de ne pas induire les maîtres en tentation de négliger pour eux l'étude d'auteurs plus proprement scolaires, d'éviter aux élèves certaines séductions quelquefois dangereuses pour un goût encore mal formé, on n'en reconnaît pas moins l'intérêt qu'il y a à susciter par des œuvres plus proches d'eux, quelquefois même par l'attrait de brillants défauts, la curiosité des jeunes esprits et le sentiment littéraire; la nécessité aussi d'élargir progressivement le champ des études comme s'élargit celui du passé que notre histoire embrasse, et l'à-propos d'ajouter aux chefs-d'œuvre classiques les chefs-d'œuvre produits dans des genres nouveaux et par une inspiration différente. Les conclusions auxquelles on a abouti ne paraîtront sans doute à personne manquer de sagesse. Rousseau, déjà admis dans les programmes antérieurs, reçoit une part un peu plus grande. Chateaubriand, si proche parfois, malgré certain apprêt, de la beauté classique, et propre, par les excès même de sa manière, à rendre sensible à des esprits jeunes le travail de l'écrivain artiste; Michelet, si grand aussi, mais restreint à l'étude de son œuvre la moins contestable au double point de vue de la science et du goût, sont inscrits aux programmes de Quatrième et de Troisième, c'est-à-dire là où ils seront des ferments pour l'imagination sans risquer de devenir des modèles peut-être périlleux. Un *Choix des Historiens du XIXe siècle*, que votre Commission a préféré à un volume qu'aurait seul occupé Fustel de Coulanges, mais où ce grand esprit gardera sa place à côté d'illustres devanciers, offrira aux élèves de Rhétorique, dans une forme moins originale sans doute, mais plus sobre et plus classique souvent que celle de Chateaubriand et de Michelet, la matière de réflexions sérieuses sur les grandes questions que pose l'histoire. Enfin, et ce n'est que justice, la partie la plus parfaite, la plus classique peut-être de la production littéraire moderne, les chefs-d'œuvre élégiaques, lyriques et épiques du romantisme, sont introduits dans les trois classes de lettres sous la forme d'un recueil des *Chefs-d'œuvre poétiques* de Lamartine et de Victor Hugo.

IV

On remarquera peut-être que, dans ce travail d'enrichissement, les morceaux choisis, sous des titres divers, se sont multipliés. Nous ne croyons pas avoir à justifier longuement, sur ce point, les programmes que nous vous proposons de voter. Écartés, avec une rigueur un peu absolue, des listes de 1880, les recueils de ce genre ont depuis lors, sans soulever de protestations, reparu en assez grand nombre. Le plus ancien et le plus célèbre d'entre eux, le *Conciones*, rentre à son tour en usage; nos élèves de Rhétorique et de Rhétorique supérieure y étudieront, comme leurs devanciers, l'art de la composition, les secrets du style latin, la philosophie de la politique telle que l'ont conçue les grands historiens de Rome, la psychologie des grands acteurs de l'histoire à l'une des sources où ont été la puiser nos grands tragiques du XVIIe siècle. Quant aux autres recueils analogues, il est évident qu'ils sont la seule forme sous laquelle peuvent être présentés aux élèves certains genres littéraires ou certaines époques, certains écrivains parmi les plus grands, et, dans l'œuvre même de ceux, Bossuet, Fénelon, Montesquieu, Voltaire, par exemple, dont les programmes admettent des ouvrages entiers, les parties qui ne peuvent y être inscrites, et qu'il serait cependant fâcheux qu'on continuât à ignorer. Mais vous tiendrez essentiellement, comme nous, à ce que dans aucune de ces catégories on n'entende par *Choix*, *Extraits*, *Morceaux choisis*, des fragments sans développement suffisant et sans lien, ou disposés dans un ordre arbitraire. C'est par morceaux offrant un sens plein et un mouvement complet, aussi peu coupés que possible, reliés par des analyses et rangés dans l'ordre même du tout dont ils seront détachés, que les auteurs qui ne peuvent y entrer autrement doivent figurer dans les recueils scolaires. Se rapprocher le plus possible des œuvres intégrales, qui continuent d'ailleurs à remplir la plus grande partie de nos listes, tel doit être l'idéal proposé à ces sortes de livres.

V

Il en est un cependant dont le titre même semble admettre une composition au besoin un peu différente et peu fragmentée, et dans lequel, à des développements suivis, à des pages de réflexions ou d'analyse intime, se mêleront de courtes remarques, des sentences, de brèves et frappantes formules. C'est le volume inscrit pour le latin à partir de la Quatrième, pour le grec à partir de la Troisième, sous ce titre : *Pages et Pensées morales*. Il attire l'attention à un autre point de vue. Si on rapproche de l'indication qu'il fournit ce fait qu'un *Choix des moralistes français*, où le XIXe siècle a sa place, figure au programme de Rhétorique ; qu'avec Montaigne, Bossuet, Fénelon, Montesquieu, Voltaire, Rousseau, le *Choix d'Historiens*, la philosophie morale et sociale est plus largement que jamais représentée dans les listes françaises ; que des additions analogues, avec Xénophon, Platon, Cicéron, Sénèque, ont été faites aux listes grecques et latines, on reconnaîtra qu'une des préoccupations principales des auteurs de ce programme a été d'y mettre en relief l'intention éducative, et d'y bien faire voir qu'une sorte de « philosophie diffuse », comme il a été dit dans la commission préparatoire, doit faire de tout le cours des études secondaires une préparation progressive à la vie. On a reproché quelquefois à l'Université de savoir instruire, mais de ne savoir pas élever. Aucun reproche, en aucun temps, n'a été plus injuste. Outre que former les enfants, comme elle a toujours tenu et doit tenir plus que jamais à le faire, à la discipline, au respect, à l'effort, c'est poser les fondements nécessaires de toute éducation morale et sociale, parce que c'est imprimer à l'esprit et à la volonté les habitudes sans lesquelles toute conception théorique du devoir et de la conduite resterait lettre morte, dans l'étude même des littératures, qui est le centre de l'enseignement classique, c'est toujours, avec celle de la raison, l'éducation du caractère que tout au moins depuis Port-Royal et Rollin nos devanciers ont comme nous cherchée. Humanités, pour eux, a toujours voulu dire formation de l'homme, et non pas seulement du lettré. Mais en un temps où le dilettantisme a séduit plus d'un parmi les meilleurs, où les progrès de l'érudition, là même où elle ne devrait avoir sa place que comme préparation antérieure du maître, risquent de pousser quelques esprits à donner dans l'enseignement trop de place au fait et à la forme pure, pas assez à l'idée et à l'âme, où il est de nécessité sociale urgente qu'on tende de bonne heure le ressort des volontés, ce qui a toujours été sous-entendu comme évident de soi est peut-être bon à dire très haut, pour rassurer les uns et pour guider les autres. Nous ne demandons pas, et nul ne peut songer à demander — ce serait s'exposer à compromettre, par l'imprudence des ardeurs inexpérimentées ou par la sécheresse des convictions un peu tièdes, la cause même que l'on veut servir — que le professeur dans sa chaire se transforme en prédicateur de morale. On ne lui impose aucun livre, dans un programme que domine l'idée de sa liberté. On lui rappelle seulement, en lui offrant tous ceux où il peut trouver une aide utile, et on rappelle aussi à ceux qui au dehors seraient disposés à l'oublier, que parler au cœur des enfants, comme à leur raison naissante et à la curiosité de leur esprit, qu'éveiller et guider discrètement, et selon leur portée, leur intérêt pour les questions vitales qui passionnent tout homme digne de ce nom, a toujours été regardé, par les maîtres de l'Université, comme la partie la plus féconde et la plus élevée de leur effort, comme celle qui fait surtout l'attrait supérieur, le charme intime, la dignité sociale de leur mission.

VI

Moins que toute autre, la classe de Philosophie, s'adressant à des esprits plus mûrs, et qui auront le lendemain à prendre parti sur les problèmes que leur posera la vie, peut s'abstraire de la réalité vivante et se dispenser de préparer à l'action. En élargissant là aussi les listes d'auteurs dont l'explication n'a pas cessé d'y être prescrite, on n'a pas voulu seulement, comme par l'addition du *Phédon* et du *Gorgias* dans la liste des auteurs grecs, d'un volume de Bacon en latin, des *Méditations*, des *Pensées*, d'extraits de la *Théodicée*, des traités philosophiques de Bossuet et de Fénelon, offrir au choix du professeur des éléments plus variés. En même temps que les deux premières leçons du *Cours de philosophie positive* et l'*Introduction à la médecine expérimentale* viennent appuyer en quelque sorte la partie du cours relative aux méthodes des sciences, l'extension des rubriques sous lesquelles figurent la *République* de Platon et la *Morale à Nicomaque*, l'inscription d'un livre de la *Politique* d'Aristote, de la *République* de Cicéron, d'une partie de l'*Esprit des lois* et du *Contrat social*, des *Fondements de la métaphysique des mœurs*, des *Extraits* de Jouffroy, du livre où Stuart Mill traite de la logique des sciences morales, ont une claire signification. Dans le choix des textes, tant anciens que modernes, tant étrangers (dont pour la première fois quelques-uns entrent dans les programmes) que français, se marque la préoccupation de faire dans les lectures des élèves, à côté de la philosophie spéculative et critique, une place aux questions concrètes, aux réalités morales et sociales.

VII

Cet exposé des idées principales que l'on a voulu faire apparaître dans la composition de ces programmes ne serait pas complet si on n'insistait à nouveau, en finissant, sur une remarque répétée à plusieurs reprises dans les pages qui précèdent. En élargissant, pour les trois littératures, le champ des explications et des lectures possibles, on n'a eu en aucune façon la pensée, ni de disperser le travail des classes sur un plus grand nombre de textes, ni de déplacer le centre de la culture classique. L'effort des élèves ne doit pas se jouer sur les surfaces, mais s'exercer en profondeur, et, pour cela, se concentrer sur un groupe limité d'objets. Quant à l'esprit général des études, on tient à n'y rien changer. Pour le latin et pour le grec, les œuvres ajoutées au programme, à peu près sans exception, ne diffèrent par aucun caractère essentiel de celles qu'un long usage avait déjà consacrées. C'est donc seulement, ici, contre la tentation de trop multiplier, au cours d'une année, les changements d'auteurs, et de les effleurer tous sans tirer vraiment parti d'aucun, que les maîtres auront à se défendre. Pour le français, en inscrivant sur ces listes des écrivains et des genres de la période classique qui ne pénétraient point jusqu'ici dans l'enseignement secondaire, en étendant la part faite, soit aux origines, soit surtout à l'époque contemporaine, on entend bien maintenir à sa place et dans sa valeur, comme base permanente et principal instrument de la culture classique, le XVIIe siècle représenté par les chefs-d'œuvre de ses grands prosateurs et de ses grands poètes : Pascal, Bossuet, Fénelon, La Bruyère, Corneille, Racine, Molière, La Fontaine, Boileau. Les professeurs ne devront pas perdre de vue qu'à la fin des études un élève de l'enseignement secondaire classique doit s'être familiarisé avec les principales œuvres de ces auteurs. Ils s'efforceront d'assurer ce résultat, chacun pour sa part, en usant des moyens que les programmes de leur classe mettent à leur disposition, et dont, sous le bénéfice de ces indications générales, on confie, suivant leur désir, le maniement à leur libre initiative. Si, par exemple, au cours d'une année, en s'attachant autant que possible, surtout dans les classes supérieures, à faire aux textes en prose et aux textes en vers une part à peu près égale, chacun d'eux choisit, pour en faire l'objet d'une réflexion prolongée et d'une étude approfondie, deux ou trois œuvres des auteurs que nous venons de nommer, autour de ces livres essentiels, sous forme d'explications plus ou moins rapides, de lectures en classe ou hors de classe, de leçons, il pourra en faire apparaître, à son gré et selon sa méthode, en évitant seulement de les multiplier à l'excès, quelques autres, à l'aide desquels il donnera à son enseignement plus de variété, de richesse et d'étendue.

Mais, pour qu'à travers ce double choix se maintienne d'année en année, pour chaque génération d'élèves, la suite et l'enchaînement nécessaire dans cette partie des études, et principalement pour que soit organisé dans la mesure qui convient, sans oubli grave et sans double emploi, leur commerce avec les auteurs qui viennent d'être désignés comme essentiels, il sera indispensable que, dans chaque établissement, les professeurs fassent de leur liberté personnelle un usage concerté. A la fin sans doute de chaque année scolaire, les professeurs des classes de grammaire d'une part, ceux des classes de lettres de l'autre, devront donc, sous la présidence du proviseur ou du principal, se réunir pour dresser ensemble, en se conformant à l'esprit du programme tel que nous l'avons défini, et en imposant des limites raisonnables au nombre des livres exigés dans chaque classe, la liste des textes que chacun d'eux se proposera de faire étudier pendant l'année suivante.

Le détail des mesures à prendre pour organiser cette entente ne doit pas être improvisé. D'autres problèmes pratiques sont, d'ailleurs, aussi à résoudre, pour que cette réforme soit accueillie de tous les intéressés comme elle mérite de l'être : notamment les questions relatives aux conséquences de cette revision des programmes, soit pour le choix des compositions de baccalauréat, soit au point de vue des explications d'auteurs dans les épreuves orales de ce même examen. La Commission préparatoire a, sur ces diverses questions, émis des idées intéressantes. Nous n'avions pas pour le moment à en délibérer. Mais elles sont délicates et doivent être étudiées à loisir. C'est pourquoi, comme votre section permanente, nous vous proposons, par l'article 2 du projet, d'ajourner à la rentrée de 1896 l'application d'une réforme importante, désirée, dans laquelle rien ne doit être laissé au hasard si l'on veut qu'elle porte tous ses fruits. Grâce à ce délai, d'ailleurs, l'élaboration des livres nouveaux que contiennent ces programmes se poursuivra dans de meilleures conditions, et les administrations des lycées et collèges, invitées à se montrer, au cours de l'an prochain, particulièrement économes dans l'achat des livres du programme actuel, pourront se ménager ainsi les ressources nécessaires pour un prochain enrichissement de leurs bibliothèques.

Le Rapporteur,

Henri BERNÈS.

INSTRUCTION

SUR

l'enseignement du français dans les classes élémentaires.

L'étude de la langue française est le fond même de l'enseignement dans les classes élémentaires de nos lycées et collèges, comme à l'école primaire. Mais, tandis que l'enseignement primaire est à lui-même sa fin, l'enseignement donné dans les classes élémentaires n'est qu'un commencement ; d'où la possibilité d'aller moins vite, d'embrasser moins de choses en même temps, mais de mieux approfondir celles qu'on embrasse, en s'appliquant surtout à développer chez les élèves l'habitude de l'attention et de la réflexion.

Sans dédaigner les résultats prochains qui sont la récompense de leur zèle, les professeurs élémentaires savent que le but principal de leurs efforts doit être de préparer de bons élèves aux classes de grammaire, c'est-à-dire de former de bons esprits, prêts à recevoir la culture classique.

D'accord sur le but, ils peuvent ne pas l'être toujours, soit entre eux, soit avec leurs collègues de grammaire, sur les moyens à employer pour l'atteindre. Aussi est-il bon d'établir partout ce qui existe en quelques endroits, une conférence périodique entre professeurs de grammaire et professeurs élémentaires : ils s'y entendront sur l'unité de direction à donner à leur enseignement, sur la valeur relative à attribuer aux divers exercices, sur le choix des livres, sur les termes grammaticaux mêmes, qui varient souvent de classe à classe. C'est au chef des établissements qu'il appartiendra de provoquer ces réunions, les unes entre professeurs élémentaires, tous les deux mois, les autres entre professeurs de grammaire et professeurs élémentaires, tous les trimestres.

Dès à présent, il ne peut leur échapper que tous les exercices français en usage dans les classes élémentaires sont loin d'avoir la même importance, si l'on se soucie non seulement d'occuper le présent, mais de préparer l'avenir.

Il en est peu dont le sacrifice absolu soit nécessaire. On citera cependant l'exercice puéril des « périphrases », qui tend, d'ailleurs, à disparaître, et celui des « homonymes », du moins en tant qu'exercice à part; car il tourne vite à l'amusement futile, même au jeu de mots. L'usage indiscret de cet exercice conduit à collectionner les mots qui sonnent *à peu près* de même, c'est-à-dire à ne pas tenir compte des nuances de la prononciation et à favoriser en particulier les prononciations locales vicieuses.

La recherche de l'étymologie latine ou grecque n'est pas du domaine des classes élémentaires. Mais rien n'interdit au professeur d'éclairer par l'étymologie le sens ou l'orthographe d'un mot, quand il peut le faire à l'aide du seul français. Même dans cette mesure restreinte, l'étymologie doit rester un exercice tout oral.

D'autres exercices garderont utilement leur existence propre, pourvu qu'ils soient pratiqués dans un certain esprit : tel l'exercice des phrases à compléter, s'il ne se transforme pas en énigme et ne met pas à la torture l'esprit de l'enfant; tel encore l'exercice analogue des synonymes, lorsqu'il consiste à suppléer le mot laissé en blanc, à l'aide d'une liste de mots entre lesquels l'élève doit choisir. Mais ce même exercice n'offre que des inconvénients lorsqu'il habitue les élèves à réunir et à énumérer pêle-mêle de prétendus synonymes que séparent des nuances de sens assez marquées. Il n'est pas besoin de les encourager à prendre les mots les uns pour les autres. De même l'exercice des familles de mots, surtout fait oralement et dirigé par le maître, fait appel à l'intelligence et à la réflexion personnelles. Il donne à l'enfant un vocabulaire qui l'empêche de s'assimiler les locutions vicieuses; il l'éclaire sur la raison d'être de l'orthographe d'usage. Mais si, au lieu de classer les mots dans un ordre méthodique et de préciser les *rapports de sens* qu'ils peuvent avoir entre eux, on se borne à énumérer le plus de mots possible appartenant à la même famille, sans excepter les mots rares que les élèves n'auront peut-être jamais occasion d'employer, ou ceux qu'une parenté incertaine rapproche plus ou moins arbitrairement de la famille légitime, on ne retirera de l'exercice ainsi dénaturé aucun profit intellectuel.

Les meilleurs de ces exercices, qui sont proprement des exercices auxiliaires, ne sauraient être mis sur le même plan ni tenir dans l'emploi du temps la même place que les exercices de première importance, comme la récitation, la lecture, la grammaire et l'analyse, la dictée.

Les exercices de récitation doivent revenir quatre fois au moins dans la semaine, la récitation de la grammaire non comprise. Celle-ci, sans rien perdre de son importance comme exercice, doit éviter l'écueil de la monotonie : il n'est pas besoin de faire répéter par tous les élèves la même leçon. D'autre part, si la récitation exacte et complète des conjugaisons, par exemple, s'impose, les interrogations, sur d'autres points, peuvent ne porter que sur les définitions et les règles les plus simples, comme le veulent les instructions de 1890.

On ne saurait apporter un soin trop attentif au choix des morceaux de récitation : pendant longtemps ils seront presque la seule nourriture intellectuelle de l'enfant. On sent combien il importe de ne graver dans cette mémoire fidèle rien d'insignifiant comme fond ni de médiocre comme forme. Il n'est pas aisé, sans doute, de trouver des morceaux qui soient simples à la fois et intéressants ; mais c'est peu à peu que le maître saura se faire à lui-même un recueil au cours de ses lectures, ce qui n'exclura pas l'usage réfléchi des recueils composés par d'autres. L'essentiel est que le morceau soit toujours *choisi* par lui, et choisi parce qu'il répond à certains besoins, réalise certaines conditions, dont la principale est qu'il soit compris et goûté des élèves. Si le morceau est court, expressif et clair, il sera vite appris et facilement retenu.

Le temps consacré à la récitation ne sera pas du temps perdu pour les autres exercices, si l'on sait rattacher ces exercices à la récitation même, les fondre avec elle. Par exemple, rien n'empêche tantôt de prendre comme morceau de récitation le texte d'une dictée bien choisie, tantôt de faire sortir un devoir du texte récité. En tout cas, les exercices de la lecture courante et de la lecture expliquée se rattacheront d'eux-mêmes à la récitation, tout morceau qui doit être récité devant commencer par être lu et expliqué en classe.

Comme la récitation, la lecture courante habitue les élèves non seulement à bien dire, en ponctuant avec intelligence le texte qu'ils lisent, mais à prononcer les mots sans précipitation, sans bredouillement. L'auteur des instructions de 1890 souhaitait qu'au sortir de la septième tout élève sût bien lire, d'une voix claire, avec une articulation nette. Les professeurs élémentaires s'appliqueront à réaliser ce modeste idéal et multiplieront les exercices de lecture courante.

La lecture la plus rapide appellera quelques éclaircissements ; de même les textes de récitation et de dictée ne peuvent rester inexpliqués. Mais la lecture expliquée proprement dite demande à être abordée avec prudence et traitée avec simplicité. Il est des textes peu compliqués qui parlent soit à la raison naissante de l'enfant, soit, plus souvent, à son imagination, qu'il faut éveiller, sans l'inquiéter. L'esprit de l'enfant n'a pas seulement besoin de données précises, et le merveilleux même est une nourriture appropriée à son âge. Mais il ne suffit pas de bien choisir le texte, il faut choisir aussi dans les observations qu'il appelle, ne pas mêler vingt remarques de nature différente, suivre plutôt un série naturelle que l'élève puisse suivre à son tour sans effort. Tout expliquer par le menu énerverait l'attention en la dispersant ; il est préférable de mettre dans tout leur jour le petit nombre des observations essentielles, une ou deux sur le fond du morceau, si l'on croit pouvoir en laisser à l'élève une idée claire ; un plus grand nombre sur la fonction des mots dans la phrase et sur leur sens précis.

Tous ces exercices supposent une connaissance préalable des règles générales de grammaire. Il n'est pas superflu de rappeler que les instructions de 1890 prescrivaient de réduire à l'essentiel la théorie grammaticale, d'enseigner surtout les règles par l'usage, en se servant constamment pour les expliquer des exemples fournis par le langage parlé ou écrit. Elles condamnaient ainsi les formules apprises et non comprises, mais elles ne se prononçaient pas entre les deux méthodes possibles d'enseignement de la grammaire. L'une part d'exemples d'où les règles se dégagent d'elles-mêmes : elle appelle l'attention des élèves sur plusieurs phrases où les mêmes faits de langage se reproduisent, sous des formes différentes, et les achemine à trouver d'eux-mêmes la conclusion qui s'impose. Voyant la grammaire se faire sous leurs yeux, contribuant à la faire, les élèves s'y intéressent comme à leur œuvre propre. L'autre méthode, plus dogmatique, mais plus courte, fait passer la règle avant l'exemple, mais de manière que l'exemple vérifie aussitôt la règle, que l'élève, dans un devoir parallèle, est mis en demeure d'appliquer. Ce qui importe, c'est que, de façon ou d'autre, la règle et l'exemple se rejoignent dans l'esprit de l'élève. Mais dans aucun cas la règle ne doit rester un texte mystérieux qu'il faut apprendre par cœur sans l'entendre.

Une fois la règle comprise et apprise, il sera prudent, d'une part, d'en multiplier avec méthode les applications pratiques avant de passer à une règle nouvelle ; d'autre part, de ne pas l'obscurcir par de trop nombreuses exceptions. L'esprit des enfants ne voit bien qu'une chose à la fois et s'inquiète si l'on semble démentir ce qu'on avait d'abord affirmé.

Parmi les exercices grammaticaux, l'analyse est peut-être celui qui prépare le plus directement à l'étude des langues anciennes, si le maître, au lieu d'en faire un exercice mécanique, n'oublie pas qu'elle a surtout pour but de montrer comment la pensée, ses divers éléments, et les rapports de ces éléments entre eux, s'expriment dans le discours. On ne distingue pas ici entre l'analyse grammaticale et l'analyse logique, toute analyse étant nécessairement à la fois grammaticale et logique. Commencer par indiquer les divers éléments d'une proposition, les définir toujours au point de vue, non de la place ou de la forme, mais du rôle que joue le mot dans le groupe où il se trouve, ce qui implique l'intelligence du sens ; les distinguer sans rompre les liens qui les unissent au corps vivant de la phrase ; s'en tenir à des propositions très simples ; éviter tout ce qui prête à des distinctions et à des interprétations trop délicates, c'est le seul moyen de faire porter tous ses fruits à un exercice qui demeurerait stérile s'il était compliqué.

Le nombre des exercices oraux doit être sensiblement supérieur à celui des devoirs écrits. L'expérience prouve que les exercices grammaticaux sont surtout utiles quand ils sont faits oralement, sous la direction du professeur. La dictée elle-même offre plus d'avantages, quand elle est faite et corrigée dans la classe même : pas un mot n'est écrit alors qu'il ne soit aussitôt éclairé dans sa forme et son sens ; le maître peut s'assurer qu'il a été suivi et sait que le travail qu'il a devant lui est bien celui de l'élève. Plus rares, les dictées écrites auront aussi leurs avantages, à condition que le texte en soit bref et à la portée des enfants.

C'est un attrait particulier, mais aussi ce sont des difficultés particulières qu'offrent les exercices de rédaction et d'invention autorisés par le programme des classes élémentaires. Mais le programme est sage quand il demande seulement de « courtes reproductions d'une description ou d'un récit préparés en classe ». Il est nécessaire, en effet que le professeur soit ici le guide de l'élève, sans exiger que l'élève reproduise à la lettre ce qui lui aura été dit. D'ailleurs, le programme n'a donné qu'une indication : rien n'empêche le professeur de varier la forme de ces petits devoirs. Il est bon, d'ailleurs, que ces exercices ne se renouvellent pas trop souvent. Il est essentiel surtout qu'ils soient simples et portent toujours sur des sujets concrets : une image que l'enfant aura vue, un fait curieux dont il aura été le témoin, une solennité, une excursion à laquelle il aura pris part, tout ce qu'il aura pu observer et sentir. Même dans ces conditions, le maître ne procédera qu'avec prudence et par degrés.

La correction des devoirs et des compositions a particulièrement appelé l'attention de l'Inspection générale. En aucun cas, pour les devoirs faits en dehors de la classe, la correction ne doit suivre immédiatement la remise des copies. Pour être précise et vive, elle a besoin de s'appuyer sur la connaissance des devoirs : de la comparaison des fautes le professeur tire parti pour associer à sa correction toute la classe. Qu'il corrige des devoirs ou des compositions, il n'oubliera pas que les fautes sont de valeur très inégale et ne sauraient être notées par le même chiffre inflexible. Il y a telle notation strictement arithmétique qui est moralement fausse. Pour établir les règles d'un classement vrai, pour graduer la notation d'une manière équitable, pour accorder enfin à l'intelligence cette sorte de coefficient qui n'est pas un privilège, mais un droit, il suffira aux professeurs élémentaires de se concerter chaque année, dans chaque lycée.

A leur tour, les professeurs des classes primaires, dont les rapports avec les classes élémentaires sont si étroits, auront à s'entendre avec leurs collègues, de façon que l'enseignement donné de la dixième à la sixième soit bien lié et bien gradué, le domaine de chaque professeur étant délimité aussi nettement que possible. Ceux qui dirigent les classes primaires prendront donc utilement leur part des instructions formulées ci-dessus et dont quelques-unes acquièrent même ici une force nouvelle : tels les principes de la prédominance des exercices oraux sur les exercices écrits, de l'importance attribuée à la récitation, à ces exercices modestes, lecture, écriture, dictée accentuée et ponctuée, qu'il serait périlleux de négliger pour des exercices plus relevés. C'est dans sa simplicité même que l'enseignement élémentaire et primaire de nos lycées puisera sa force. Être simple à la fois et méthodique, c'est à ce conseil que tout se ramène ; c'est le fond commun de toutes les instructions données à un personnel qui fait tout son devoir, mais le fera d'autant plus efficacement que ses efforts seront plus nettement orientés vers le même but.

ENSEIGNEMENT DE LA MUSIQUE

Extrait du règlement du 30 janvier 1865.

L'enseignement de la musique est obligatoire, dans les lycées, pour les élèves des classes inférieures jusqu'à la Quatrième inclusivement.

Il est facultatif pour les élèves des classes de Troisième et au-dessus.

L'enseignement obligatoire comprend les matières suivantes :

Principes élémentaires de musique et de chant. Lecture, écriture et dictée musicale sur la portée.

Le but final de cet enseignement doit être : la lecture dans tous les tons majeurs et mineurs et avec les mesures les plus usitées, et l'exécution de morceaux de chant d'une difficulté moyenne, à une ou plusieurs voix.

L'enseignement facultatif peut comprendre, outre les matières de l'enseignement obligatoire, les principes élémentaires de l'harmonie.

La musique instrumentale continuera à être enseignée individuellement aux frais des familles.

Deux heures par semaine sont consacrées à l'enseignement musical obligatoire, pour chacune des divisions de cet enseignement. Ces leçons ne sont données ni le dimanche ni aux heures de récréation.

Les élèves sont divisés en plusieurs cours, autant qu'il sera possible d'après leurs progrès en musique et non d'après la classe à laquelle ils appartiennent.

Une leçon d'une heure au moins par semaine est consacrée à l'enseignement musical facultatif.

TABLE

PROGRAMMES

DIVISION ÉLÉMENTAIRE

Classe préparatoire.

Classe de Huitième.

Classe de Septième.

ENSEIGNEMENT SECONDAIRE CLASSIQUE

DIVISION DE GRAMMAIRE

Classe de Sixième.

Classe de Cinquième.

Classe de Quatrième.

DIVISION SUPÉRIEURE

Classe de Troisième.

Classe de Seconde.

Classe de Rhétorique.

Classe de Philosophie.

Biographies d'Hommes illustres: *Hommes de guerre, Diplomates, Savants et Artistes*, suivies d'un abrégé des littératures allemande et anglaise depuis la fin du XVIIIe siècle, à l'usage des candidats à l'école de Saint-Cyr et aux baccalauréats, par J. JORAN, professeur d'histoire au collège Stanislas, à Sainte-Barbe et à l'école Lacordaire. — Un vol. gr. in-12, 2e édition . . . . . 2 fr. »

La Composition française *aux examens et aux concours*, par F. LHOMME et Edouard PETIT, agrégés de l'Université, professeurs au lycée Janson-de-Sailly. — Un vol. in-8e de 521 pages, 2e édition . . . . 4 fr. »

Des conseils appropriés à chaque genre d'examen sont donnés par les auteurs, des indications de lectures, des plans (en très grand nombre), des développements, quelques copies d'élèves, etc.

Le Thème allemand *aux examens et aux concours*, par E.-B. LANG, professeur agrégé au lycée Janson-de-Sailly et à l'école spéciale militaire. — 2 vol. in-8o (textes et traductions). . . . 5 fr. »

On vend séparément: textes, 3 fr.; traductions, 2 fr.

La Version allemande *aux examens et aux concours*, par E.-B. LANG. — 2 vol. in-8e (textes et traductions). . . . . 4 fr. 50

Le Thème anglais *aux examens et aux concours*, par B.-H. GAUSSERON, professeur agrégé au lycée Janson-de-Sailly. — 2 vol. in-8e (textes et traductions) . . . . 4 fr. 50

La Version anglaise *aux examens et aux concours*, par B.-H. GAUSSERON. — 2 vol in-8o (textes et traductions) . . . . . . 4 fr. 50

Pour chacun de ces trois ouvrages, on vend séparément: textes, 3 fr.; traductions, 1 fr. 50.

Les Problèmes d'arithmétique résolus par la méthode algébrique *Leçons élémentaires d'algèbre*, par Th. GIR, ancien professeur au lycée de Niort. — 2e édition. Un vol. in-12. . 2 fr. 50

Les Femmes dans la science, par Alph. REBIÈRE. — Un vol. in-8o, 2e édition, avec portraits, autographes et fac-similé. 5 fr. »

La Vie et les Travaux des Savants modernes, par A. REBIÈRE. — Un vol. in-8o, avec portraits . . . . 5 fr. »

Pages choisies des Savants modernes, par A. REBIÈRE. — Un beau vol. in-8o, avec portraits . . . . 5 fr. »

Mathématiques et Mathématiciens, *Pensées et curiosités* recueillies par Alph. REBIÈRE. — Un vol. in-8o, 3e édition. 5 fr. »

Récréations arithmétiques, par E. FOURREY. — Un vol. in-8o illustré, 2e édition. . . . . 3 fr. 50

Recueil de compositions françaises sur des sujets tirés de l'histoire moderne, à l'usage des candidats à Saint-Cyr et au baccalauréat, par J. JORAN. — Un vol. in-8o, 2e édition. . . 4 fr. »

Recueil de manuscrits allemands, par Th. LORBER, professeur au collège Stanislas. — 2e édition. Un vol. in-12 de 212 pages, relié . . . . 3 fr. »

Anatomie et Physiologie animales et végétales, par E. CAUSTIER, professeur agrégé au lycée de Versailles. — *Edition A*, à l'usage de l'enseignement primaire supérieur et des candidats aux écoles vétérinaires et aux écoles d'agriculture. — Un vol. in-16, relié toile, 4e édition . . . . 3 fr. 50

Edition B, à l'usage des lycées et collèges de garçons et de jeunes filles. — Un vol. in-16, relié toile, 3e édition . . . . 3 fr. »

Dessin de Paysage (Le), par N. DEMARQUET-CRAUK, professeur à l'école spéciale militaire de Saint-Cyr:

TEXTE : *Notions de perspective* appliquée aux croquis rapides de vues d'après nature. — Un joli vol. in-12, cartonné toile. . . 2 fr. »

PLANCHES : *Croquis rapides de vues d'après nature*, avec le tracé des principales lignes de perspective. — Un atlas de 24 modèles format 31cm × 45cm . . . . 8 fr. »

Dessin de Paysage (Le) *étudié d'après nature*, par H. GUIOT, peintre, et J. PILLET, professeur à l'école des Beaux-Arts. — Album gr. in-8°, avec 60 colonnes de texte, 46 figures théoriques, 80 motifs divers, et 20 grandes planches d'ensemble, parmi lesquelles les dessins donnés ces dernières années aux concours de Saint-Cyr. 5e édition . . . . 3 fr. »

Leçons de Chimie, à l'usage des élèves de l'enseignement secondaire, par J. BASIN, professeur agrégé au lycée de Coutances. — Volume in-12, broché 8 fr.; relié 8 fr. 50. — On vend séparément : *Métalloïdes*, broché 2 fr. 50; relié 3 fr. — *Métaux*, broché 2 fr. ; relié 2 fr. 50. — *Métalloïdes et Métaux*, à l'usage des élèves de mathématiques élémentaires, broché 4 fr. 50 ; relié 5 fr.

Leçons de Physique, par J. BASIN; tome I, Pesanteur, Hydrostatique, Chaleur. — In-12, broché 2 fr. 50, cartonné 3 fr. T. II : Acoustique, Optique, Electricité et Magnétisme. Br. 3 fr., rel. 3 fr. 50
T. III : Compléments : 1er fascicule . . . . 2 fr. 75
2e fascicule (Eléctricité). (*Sous presse.*)

Manuel de préparation aux concours d'entrée des écoles supérieures de commerce, contenant le développement des programmes officiels. — 2 volumes in-8° reliés . . . . . 10 fr. »

Sténographie (Éléments de) Prévost-Delaunay, par A. BOUTILLIER, licencié en droit, président de l'Association sténographique unitaire. — Vol in-12, 2e édition. . . . . 0 fr. 50

Sténographie (Notions générales sur la) : ses origines et son histoire; ses services, son état actuel et son avenir : ses principes et ses méthodes, par A. BOUTILLIER. — Un vol. in-8° . 1 fr. 25

Bar-le-Duc. — Imp. Comte-Jacquet, Facdouel, Dir.

Bar-le-Duc. Imprimerie Comte-Jacquet. FACDOUEL, Dir.

www.ingramcontent.com/pod-product-compliance
Ingram Content Group UK Ltd.
Pitfield, Milton Keynes, MK11 3LW, UK
UKHW020232220726
13923UKWH00002B/609